Trois jours dans l'été

Du même auteur :

Le Cahier noir
roman, Ed. Alsatia, Paris
réédité par Ed. DELAHAYE

« *Mémoires oubliées* »

Valle di Paraso
roman, Ed. **GUNTEN**

Le Tableau bleu
roman, Ed. **GUNTEN** (à paraître)

Couverture :
Oliviers à Saint-Florent, Gilles ERNY (huile sur toile),
avec l'aimable autorisation de l'artiste.

Pierre-Alain Mayol

Trois jours dans l'été

Mémoires oubliées

Roman

GUNTEN

10, Place Boyvin - 39100 Dole

ISBN : 2.914211.45.7

Qu'on se souvienne des torts de ses pères,
Que la faute de sa mère ne soit pas effacée.

(Psaume 109)

VENDREDI

Il est venu ce soir par le chemin du lac. Je ne l'ai pas entendu. Je suis un animal de la forêt : je perçois le moindre froissement d'une feuille, le moindre crissement du sol sous une chaussure. Mais lui, je ne l'ai pas entendu. J'ai senti soudain une présence derrière moi. J'arrosais les fleurs de Lise le long du mur de la maison. Je me suis retourné. Il était là. Je le regardai sans comprendre, sans y croire. Il me souriait silencieux. Je finis par dire :

— Toi, est-ce possible ?

Il me répondit :

— Oui, moi. Tout arrive.

J'étais saisi à la fois d'un élan et d'un recul. J'avais envie de l'empoigner, de serrer mes mains sur ses épaules : C'est toi, c'est bien toi ! – et en même temps, j'aurais voulu lui crier : Va-t-en ! pas toi ici ! je ne veux pas te voir !

Je n'ai fait ni l'un ni l'autre. J'ai simplement posé l'arrosoir et frotté mes mains humides contre mon jean.

— Entrons à la maison, ai-je dit.

Je suis allé chercher une bouteille de bière à la cuisine et j'ai pris lentement deux verres dans le buffet. Je devais reprendre souffle. Il allait falloir dire quelque chose, n'importe quoi, mais parler. Quand je suis retourné dans la salle, il était debout devant l'horloge. Il regardait le cadran. Il pointa le doigt vers la signature et la déchiffra à haute voix :

— « Omer Norbier à Chapelle d'Amont – 1871 », c'est un de tes parents qui l'a fabriquée ?

— Oui, mon arrière grand-père.

Il scrutait le décor floral fané par le temps, l'émail du cadran craquelé comme un visage de vieux. Son attention détournée permettait à ma respiration de reprendre calmement un rythme régulier, à l'unisson du balancier.

Ici comme là-bas, aujourd'hui comme hier, instinctivement il touchait juste. Il aurait pu tomber en arrêt devant l'armoire de merisier, superbe ouvrage venu de la famille de Lise. Non, il contemplait l'humble horloge au buffet de sapin naïvement décorée, il y a cent ans, par un montagnard de ma race. D'entrée il respirait l'essence des choses et devinait à qui elles appartenaient. J'étais ému et en même temps furieux. Il était à peine là, dix ans après, et il me désarmait avec la même facilité qu'autrefois. La glace du long silence s'était brisée d'un regard, d'une phrase... Il était là comme hier, pénétrant, faisant et disant ce qu'il fallait faire ou dire, souverain. Et j'enrageais car j'avais toujours su, et l'avais toujours craint, qu'avec lui ce serait ainsi inévitablement : il s'impose à tout, à tous, partout ! Plus besoin de parler, de chercher quelque chose à dire : c'était lui, bien sûr, qui posait les questions et moi, naturellement, qui faisais les réponses.

— Tu es marié, n'est-ce pas ?

— Depuis sept ans.

— Et tu as des enfants ?

— Deux.

— Des garçons ? Des filles ?
— Un garçon, une fille.
— Ah ! bien sûr, le choix du roi !

Au moins avais-je une satisfaction et comme une revanche, alors qu'il m'observait par dessus le bord du bock à bière incliné à hauteur du menton : mon visage, je le savais, était demeuré immobile, aucun signe d'émotion n'avait troublé même fugitivement mon regard, ma voix conservait son registre ordinaire. Je n'étais pas indifférent, il le voyait ou le sentait, mais placide et même pesant. Comme toujours… Lui aussi me retrouvait. Inchangé.

J'osai cependant une question :
— Et toi qu'es-tu devenu ?
— Journaliste.

Je ne fus pas surpris. En Algérie, il en parlait déjà. Quel autre métier aurait-il fait, lui, l'homme des quatre vents parlant à tous et à chacun, colonel ou sentinelle, bougeant sans cesse, assoiffé de nouveaux spectacles, d'autres paysages, nomade incorrigible, insatisfait partout, d'avance mieux ailleurs ? Et cependant curieusement attentif, recherchant je ne sais quoi d'essentiel dans le plus banal ou le plus éphémère. Journaliste, oui.
— Journaliste où ?
— À l'AFP.

Je m'étonnai : lui le talent, qui parlait et écrivait avec une facilité désespérante pour autrui, qui aurait pu briller au firmament de la profession, l'exerçait loin des feux de la rampe, loin du grand public.
— Pourquoi l'Agence France Presse ? Tu étais fait pour la télévision ou un grand quotidien.
— La télévision jamais ! jamais ça !

Sa voix avait claqué en coup de fouet et un éclair tranché son regard.

— Pourquoi ?

Il sourit, apaisé.

— David, jamais mon visage à l'écran, jamais mon nom dans un journal.

— Mais pourquoi ?

Son regard s'évada. Sans doute formulait-il en lui-même une réponse qu'il allait me livrer. Il ne me la livra pas.

— Depuis quand habites-tu cette maison ? Solide maison, très belle... une ancienne ferme d'alpage, n'est-ce pas ? qui appartenait à ta famille ?

Je réprimai un soupir.

Il eut droit à tout : ma maison, mon mariage, mes enfants, mon métier, bref ma vie de tous les jours. Banale, régulière, heureuse... Oui, heureuse ! Etait-ce cela qu'il était venu chercher, qu'il voulait savoir ? Après le drame, le voyage au bord du gouffre, ma disparition, après dix ans de silence, voulait-il en avoir le cœur net : y étais-je resté, en étais-je sorti ? Etait-il rassuré maintenant ? Il ne montrait pendant que je parlais, rien d'autre qu'une attention ordinaire.

Vint l'heure du dîner. Et de la décision. Allais-je le laisser s'en aller ou l'inviter à rester ? Dilemme ? Même pas ! Je n'avais plus envie qu'il s'en aille alors qu'il était venu à moi après une aussi longue absence. Et le laisser repartir n'aurait-il pas signifié que la blessure n'était pas refermée ? Or, elle est refermée.

Naturellement sa présence ici ce soir, en ce temps où je suis seul à la maison, n'était pas fortuite. Toute démarche, si impromptue qu'elle puisse paraître, est chez lui calculée de longue main. N'est-ce pas de là que lui vient sa maîtrise des gens et des choses – sinon des événements... – si difficile à prendre en défaut ? Je n'oubliais pas qu'un journaliste agit comme un espion.

Suave, souriant, avant de monter ici il avait interrogé le village, resserrant progressivement autour de moi un piège où j'étais maintenant pris comme lièvre au collet. Il avait appris à la poste, à l'épicerie, voire chez Monsieur le Curé… que la scierie n'était pas fermée, que je n'étais pas en vacances, que ma femme et mes enfants étaient partis en Suisse et que je ne les rejoindrais pas pendant le week-end.

— Par quel hasard es-tu dans la région ?

— Je reviens de Montreux où je devais interviewer un chef d'orchestre. Je rentre à Paris en voiture et en passant par Pontarlier, je me suis dit que ton village n'était pas loin, que peut-être tu serais là, que je pourrais te revoir… J'ai eu raison. Tu es là.

— Où as-tu laissé ta voiture ? Je n'ai entendu aucun bruit de moteur avant ton arrivée ?

Il rit.

— Je l'ai laissée au village et je suis venu à pied

— Qui t'a indiqué le chemin ?

— Une femme à l'auberge.

La mère Solange ! Par instinct ou par hasard, il a déniché la principale pipelette du village. Cela me confirme qu'il est parfaitement renseigné, qu'il l'est même au-delà de ce que je pensais… Le cher faux cul, il m'a interrogé et m'a laissé parler alors qu'il savait déjà tout de ce que je croyais lui apprendre !

— Quand dois-tu être à Paris ?

— Lundi.

Il ne pouvait m'indiquer plus clairement qu'il s'était donné devant lui trois jours de liberté et qu'il m'offrait de les passer chez moi. Il ne me restait qu'une chose à dire :

— Alors rien ne te presse, reste ici jusqu'à dimanche.

Il est maintenant installé dans la maison et j'ai l'impression d'avoir introduit un chat dans un tabernacle. Cette maison est la maison de Lise, la maison des enfants, la mienne. Elle a une odeur qu'il respire en intrus, une intimité qu'il trouble de son corps souple et silencieux. Inquiet, j'ai jeté des fleurs qui se fanaient dans un vase, rangé le tablier de Lise abandonné sur une chaise, un jouet qui traînait par terre. Je ne veux pas qu'il prenne la moindre emprise sur elle, sur eux. Ils ne lui appartiennent pas. Ils ne le connaissent pas. Il ne doit pas les connaître non plus. Jamais. Aussi ai-je de même caché dans un tiroir les photos aux murs et sur les meubles dans les chambres. Si je suis amené à lui faire visiter la maison, je ne veux pas qu'il croise leurs regards, scrute et détaille leurs visages. Sans défense face à lui, que deviendraient-ils, que resterait-il d'eux après être passés au crible de son impitoyable jugement ?

Sans doute n'aurait-il rien dit ! Mais c'eut été encore trop dire. D'un regard trop furtif, d'un clignement de cils à peine perceptible ou par sa bouche immobile retenant un sourire, peut-être m'aurait-il involontairement révélé que vous n'étiez pas tout à fait... que vous étiez différents de... Et je ne suis pas assez fort pour m'en foutre ! Quelle chance que tu ne sois pas là, Lise ! Cela te sauvegarde, nous préserve de lui. Mais si tu avais été là, Lise, serait-il venu ?

Je lui ai donné la chambre d'angle, la seule qui soit au rez-de-chaussée. Ainsi éviterai-je qu'il monte à l'étage, lui l'étranger. De la fenêtre du levant à celle du couchant, il verra au long du jour scintiller le soleil de ce si bel été sur la surface du lac. Il découvrira que ce pays est différent, beau d'une autre beauté que le sien, rude, moins éblouissante. L'aimera-t-il ? Peu importe ! il suffit qu'il le reconnaisse comme le mien. Mon pays m'identifiera et me séparera de lui. Je pourrai me détacher en prenant appui. Je pourrai me défendre…

Nous avons soupé – j'ai dit soupé pour parler comme nous parlons ici, dans la montagne, et non pas dîné comme on le dit à la ville, comme il le dit, lui. J'ai taillé quelques tranches dans le jambon fumé, préparé des tomates en salade, coupé dans la meule de comté un triangle de fromage lisse. Nous avons mangé presque en silence. J'ai commenté à sa demande la robe jaune et le goût pierreux du vin du Jura monté de la cave, pour lui, dans sa bouteille robuste habillée de poussière.

Durant la soirée, c'est lui qui a parlé. De quoi ? Je m'en souviens à peine. Ou plutôt confusément. Des noms de pays défilent avec des images floues empruntées par ma mémoire aux photos des magazines, des livres, peut-être aussi à quelques reportages de la télévision. Pays inconnus pour moi, si familiers pour lui : Etats-Unis, Brésil, Russie, Chine, Vietnam, Inde, Japon, Israël, Egypte, Congo, Rhodésie… énumération bête et banale que je dévide machinalement comme un collier de verroterie. Mais pour lui, fil de ses jours, trame de sa vie… Trame ? Non. Seulement couleur et dessin. L'apparence, l'extérieur plein d'agitation, d'avions, de caméras, d'hôtels, de bivouacs. Et d'évènements : guerres, révolutions, séismes, catastrophes. J'ai écouté, distrait, ces récits parlant peu de lui, ne révélant presque rien de ce qu'il est devenu. Au moins a-t-il cessé de m'interroger. J'ai pu rester tranquille, calé dans un coin du vieux canapé devant l'âtre froid de la cheminée. J'ai repris ma respiration intérieure ordinaire. Je me suis réhabitué à son visage qui intimide, à ses gestes dont l'élégance subjugue et irrite.

Nous nous sommes retrouvés peu à peu, sans effort, sans gêne. Nous revivions côte à côte, naturellement.

Comme autrefois. Du passé, pas un mot cependant, pas une allusion, même fugitive. Il a trop le sens des étapes pour parler à contretemps et ce n'est pas moi qui l'évoquerai le premier. Lui le fera. Quand il jugera le moment opportun. Ce soir, je suis épargné. Mais demain...

Demain, le passé reviendra, il est déjà là dans ma tête et comme sous mes yeux, dans l'obscurité de ma chambre. Le passé est là, tourbillon irrépressible forçant les murs de l'oubli tenace et volontaire, alors que lui dort – ou ne dort pas plus que moi – dans la chambre d'angle, dort si il dort de ce sommeil un peu agité que je surprenais parfois dans les nuits lourdes de Constantine.

Constantine... Voilà le premier mot lâché, articulé pleinement, hissé à la rive de la conscience. Constantine la merveilleuse, l'horrible. La ville bancale aux maisons effrayées se bousculant au bord du gouffre, aux minarets réfléchissant l'aveuglante lumière tombée d'un ciel bleu pour l'éternité. Constantine, ses étroites rues de guerre grouillant d'hommes au visage cadenassé, plus secret encore que celui des femmes au regard brûlant dans la fente du funèbre haïk noir. Constantine, ses magasins aux sinistres grillages obturant leurs vitrines pour déjouer le lancement meurtrier des grenades. Mais aussi ses ponts légers traversant d'un jet le précipice du Rummel, ses palmiers et ses eucalyptus, les cafés sombres et intimes où l'on buvait l'anisette, l'horizon des plaines et des montagnes fondant dans une lumière blanche.

Constantine... pourquoi tant m'attarder sur toi ? N'est-ce pas, seulement, pour retarder l'instant de prononcer le nom interdit, le seul nom qui compte et ait jamais compté, ton nom : Djamila.

Djamila : le voici ton nom, brillant devant moi comme un poignard. Ai-je assez murmuré ses trois syllabes, émerveillé et confondu, terrassé de bonheur, terrassé de douleur ? Djamila, *dja* bulle inattendue éclatant soudain au creux de ma poitrine, *mi* de ma tendresse, *la* de mes larmes. Djamila… j'essaie de te revoir ce premier jour où je t'ai rencontrée, à la piscine de Sidi M'Cid. J'ai beau contraindre ma mémoire, la vision à peine esquissée s'évanouit dans une brume douloureuse. Revient cette détonation que je n'ai pas entendue mais qui résonne en moi pour le restant de ma vie…

Je le vois comme si je l'avais vécu, ce petit matin exquis, alors que le soleil vient à peine de bleuir le ciel à la cime des toits, que l'air a une douceur de soie dans les rues nettoyées par la nuit de leurs relents de brochettes et de pâtisseries trop sucrées. Une porte s'ouvre. La porte verte de ta maison. Tu la refermes derrière toi, tu descends la marche. Tes talons claquent légèrement sur le trottoir ; la jupe plissée danse le long de tes jambes brunes et d'une main agile, tu remets en place en chantonnant doucement, une boucle rebelle tombée sur ton front. Combien de fois t'ai-je vue partir ainsi, après nos rendez-vous, Djamila ? Je te suivais du regard, éperdu, épuisé, par la fenêtre ensoleillée entre les arcades du Koudiat. Je me répétais comme une litanie : Elle est à moi, elle est à moi, je l'aurai toujours à moi… La détonation claque. Ton corps sursaute comme saisi d'une indicible surprise. Tes genoux plient. Tu t'effondres entre rue et trottoir. Tu gis, disloquée. Le sang coule de ta bouche, zèbre ton visage au-dessous de tes yeux fixes, à jamais vidés de leur regard.

Ce visage de ta mort, je ne l'ai pas contemplé. Pourtant je le connais. Je crains de ne connaître que lui. Il surgit sur l'écran intérieur de mes paupières quand parfois dans la nuit, comme ce soir, le souvenir crève le rempart durement érigé contre lui. Je me défends mal, alors, contre les serres de la souffrance qui lentement se referment et me broient. Il y a dix ans, elle a failli m'anéantir. Aujourd'hui encore, elle me tire des larmes que je garde secrètes, et que je me reproche, Lise, comme une infidélité. La page n'était-elle pas tournée ? Mais les pages se tournent-elles jamais franchement ?

Michel, me forceras-tu à relire ces lignes qui me brûlent ? Oui, tu me forceras. Oui, Djamila, nous parlerons de toi, demain… Alors, ne vaut-il pas mieux que je relise tout de suite le livre caché ? Ce soir, je suis seul : je peux souffrir sans qu'il me voie. Demain, j'aurai peut-être tellement épuisé la douleur que je pourrai demeurer serein, apparemment serein, quand nous parlerons de toi, Djamila.

Que pourrons-nous dire, qu'évoquerons-nous, Michel et moi ? Peu de choses, en vérité. Rien, vraiment rien de ce qui n'a appartenu qu'à nous, Djamila : aucun de ces instants, plus que des instants, ces étapes immobiles où le temps s'est arrêté, où il n'y a plus d'avant ni d'après, où nous possédons tout et ne désirons plus rien… Ces étapes qu'on ne peut se guérir d'avoir perdues, tout m'invite à en repousser la vision et tout m'invite aussi à l'accueillir. Est-ce bien, est-ce mal ? En ai-je le droit ? Vaines questions ! Bien ou mal, juste ou pas, la voici revenue la vision qu'aucun autre ne peut partager : nous, Djamila.

L'oued Jacoub coule clair et presque sans bruit sous les branchages, oasis filiforme dans la plaine déserte et sèche, à la sortie du Sud, en direction de Batna. De ce pays où, disais-tu en riant, ton grand-père, jadis, gardait cachées derrière un grillage et de grands rideaux, cinq femmes aux boucles d'oreilles d'or et au rire agaçant. Michel est là. Tout près mais déjà à distance, comme détaché de nous. Nous, nous formons un couple, pieds dans l'eau, toi la jupe retroussée sur les genoux, moi le bas du pantalon replié sur les mollets. Je t'écoute, insouciante et gaie, plaisanter de ta voix chantante et haut perchée. Michel t'interrompt :

« Il fait chaud. Je vais chercher un bar ou une épicerie. Je nous rapporterai des jus de fruit. Frais si possible ! »

Me voici pris de panique alors qu'il s'éloigne à grands pas vifs. Nous sommes seuls, Djamila. Pourquoi brusquement te tais-tu ? Un tremblement intérieur m'a saisi. Nous ne savons que faire. Nous demeurons immobiles. Intolérablement immobiles. Qui a fait le premier geste ? Qui, le premier, a frôlé l'autre ? Comme la terre qui éclate sous la poussée d'un feu caché, tout mon être se brise. Par la faille, je m'échappe. Nous vacillons enlacés, brûlants, essoufflés, moitié dans l'eau, moitié dans l'herbe, subitement nus, premier Adam, première Eve sous l'éternel pommier. C'est la première fois. Dans mes rêves les plus fous, mes plus ardents fantasmes, je n'ai imaginé pareil ébranlement, arrachement, irrésistible abandon à une puissance venue d'ailleurs et à la fois issue du fond de soi. Mais y a-t-il un fond ?

Le grand mouvement s'est achevé. Perfection. Nous gisons enchâssés. Il ne peut plus rien nous arriver. Nous sommes là. C'est tout. C'est bien. Je n'ai vécu que pour vivre cela. Je suis où je dois être. Je te baise l'oreille doucement, Djamila, étendu, détendu, pesant sans peser, épousant ton corps de mon corps.

« Epouse-moi, Djamila. Je t'aime.»

Tu souris et c'est toi maintenant qui te tais.

« Epouse-moi, Djamila, épouse-moi ! »

Tu souris et tu dis :

« Mais, David, je viens de t'épouser.»

Nous courons dans le ruisseau, éclaboussant nos jambes, serrant nos ventres mi-frais, mi-chauds, à en souffrir, lissant de nos mains mouillées et folles le plat de nos dos jusqu'à la rondeur des hanches. Nous ne nous lassons pas de nous étreindre. Et nous nous aimons encore, encore, debout pieds dans l'eau, puis renversés dans les graviers, la peau zébrée de feuilles froissées, de sable et de lumière : Epouse-moi, Djamila, épouse-moi !

Nous avons oublié Michel. Puis nous nous rappelons qu'il va revenir. Nous nous cachons, surveillant le chemin du plus loin que nous l'apercevrons. Nous l'avons attendu longtemps. Il n'est pas revenu. Tant mieux ! Nous n'avons pas soif, nous n'avons pas faim. Plus tard, beaucoup plus tard, quand le soir tire un rideau mauve sur nos têtes, nous repartons main dans la main, irradiant l'unique et éclatant soleil que nous sommes devenus.

Michel, à mon retour dans notre chambre de sous-offs, dort ou feint de dormir.

Le lendemain, il n'a rien dit et je n'ai rien dit non plus. Je ne lui ai pas demandé pourquoi il n'est pas revenu ni, lui, pourquoi je suis rentré si tard. Ce dimanche pèse sur nous comme une confidence morte. Qu'aurions pu nous avouer que nous n'avions deviné ?

Complice ou initiateur, qu'as-tu été, Michel ?

N'est-ce pas toi qui m'as donné Djamila ?

À Sidi M'Cid, la piscine a des reflets d'ambre sous l'arc immobile des palmiers et le frissonnement des eucalyptus. L'eau jaillit chaude du rocher, et je me souviens de mon émerveillement, moi l'enfant du Nord, en mars lors de mon premier bain, en découvrant ce miracle. Nos muscles de guerriers contraints y oublient presque la dure loi des casernes, et nous nous reprenons à croire à un monde de liberté. Ce dimanche, je me tiens au haut des gradins, dominant une foule de jeunes hommes aux corps élastiques et blancs, assis ou étendus de degré en degré jusqu'au grand rectangle du bassin. Quelques-uns nagent ou s'éclaboussent en riant d'un rire retenu pour ne pas faire trop de bruit, demeurant soumis par méfiance, par routine à une discipline devenue seconde nature. Soldats du contingent, nous avons tous vingt ans. Chacun porte secrètement dans sa tête, la nostalgie d'un autre pays, d'une maison, d'un village lointain, d'une famille, d'une fiancée... Rupture brutale qui nous a jetés, désarmés, dans un conflit auquel nous ne comprenons rien. Chacun réprimande son cœur, réprime ses désirs. Chacun souffre. Seule dans cette vie sans joie, la piscine de Sidi M'cid nous accorde la permission fragile et brève de redevenir nous-mêmes. Pas de sifflet, pas de clairon, pas de képis, pas de kaki ! La police militaire se tient discrètement dans sa jeep à l'entrée. On ne la voit pas.

Tu apparais la tenant par la main : une femme à Sidi M'Cid ! Tu as osé. Et une fille algérienne. En maillot de bain. Inouï scandale ! Tu avances avec elle au milieu de cent, deux cents, cinq cents mâles frustrés… aussi banalement qu'un homme et une femme à l'entrée d'un grand cinéma, à l'heure où la foule se presse devant les guichets. Un grésillement sourd émane de l'assistance traversée par une sorte de décharge électrique. C'est une folie ! Cinq cents types ont envie de se jeter sur cette fille. Et ils restent immobiles. Des statues de désir. Immobiles et silencieux. Un silence éprouvant, à la limite de la rupture… Vous continuez à avancer, indifférents, superbes. Votre ressemblance est si remarquable qu'on s'écrie en pensée non pas : Quel beau couple ! Quelle belle femme ! mais : Ce sont le frère et la sœur. Vous montez les marches, toi la conduisant. Vers moi. Pour moi. Je n'ai pas besoin de le comprendre, ni de le reconnaître : il en est ainsi. Aucune bouche ne s'ouvre sur votre parcours, aucune plaisanterie facile ne rompt la charnelle tension. Le risque est trop grand, personne ne le prend : tu portes sur la peau un uniforme invisible. Impossible d'en déchiffrer les galons. Lieutenant ou caporal ? Soldat, bien sûr, puisqu'à Sidi M'Cid, il n'y a que des soldats. Mais de quel grade ? Mieux vaut se taire, enfouir ses émotions… même devant la princesse des Mille et une nuits. Son maillot vert d'eau est brodé d'un liseré d'argent. Une européenne ne saurait jamais porter pareille tenue : le vert est égyptien, l'argent persan, la gorge évoque les harems de Bagdad. Une orientale ! une femme unique. Inattendue. Inespérée. Belle, tellement belle…

Vous m'avez rejoint et debout devant moi qui me suis levé, tu dis :

« David, voici Djamila.»

Extraordinairement, il n'y a aucun silence, pas d'embarras. Djamila, tu me parles comme à un ami d'hier, à l'amant de demain. Je n'en doute pas un instant. Ton regard et ta voix m'en apportent les prémices, l'indicible certitude. Moi, le timide, te renvoie le message. Je m'unirai à toi. Tu es la fiancée que Michel me consacre. Le vœu est échangé sans besoin de paroles. Le grand passage est consommé. Je suis homme et femme, je suis couple. Jamais plus, vraiment plus jamais, je ne connaîtrai pareille métamorphose. Dans l'oued de la plaine du sud, tout ne sera que parachèvement.

… Lise, Lise… mon amour, mon épouse… je délire. Pardonne-moi ce retour en arrière… ce retour vers elle, Djamila, dont jamais devant toi je n'ai prononcé le nom magique.

Lise, Lise… je ferais mieux de dormir. Lise, il faut que je dorme, que je chasse ce songe à demi éveillé, trop émerveillé, qui me ronge et me rend infidèle à ton cœur serein et simple. Si j'étais sage, si j'étais fort, je me lèverais d'un bond, m'habillerais, sauterais dans ma voiture, me sauverais vers toi. Mais il est revenu – et elle avec lui – et je ne le peux pas… Il est des événements qu'il faudrait savoir refuser de vivre. Mais qui sait repousser le brusque retour d'une fièvre mal éteinte ? Une flamme a approché le plomb durci du souvenir. Il fond, coule irrésistiblement en moi et me brûle. Qu'y puis-je ? Je ne peux que m'abandonner en attendant que cela s'apaise. Sans rien y faire ? Peut-être, demain, trouverai-je quelque médecine… Pardonne-moi, Lise, dormir sera peut-être commencer de guérir.

SAMEDI

Je me suis levé tôt pour être sûr d'être seul et j'ai fouillé les rayons de la cuisine à la recherche d'un peu de thé. Je n'ai jamais compris qu'on puisse aimer cette herbe trempée dans l'eau chaude. Je n'en bois jamais. Lise parfois. Michel toujours au petit déjeuner. A-t-il pu m'étonner, et à la longue m'exaspérer, avec sa théière du matin qu'il tiédissait soigneusement avant d'y déposer ses vilaines feuilles noires et de les arroser en deux fois, la première pour les faire gonfler, la seconde pour achever la décoction ! Je le soupçonnais de prononcer secrètement des incantations indispensables à la réussite de cette cérémonie. Il aurait pu faire préparer son breuvage au mess par le serveur, bien que personne n'y bût jamais de thé et puisqu'il obtenait toujours tout de quiconque... Sacrilège ! Seul le grand prêtre avait le pouvoir d'officier et de transformer l'eau du robinet en sang ambré de je ne sais quel dieu chinois. Chaque matin, notre chambre devenait temple pour qu'il sacrifie à ses rites tintant de fer blanc et de porcelaine, et embrumés de vapeur blanche. Obstinément agnostique, voire athée, j'attendais la fin du culte, la tête sous les draps, guettant de l'oreille le bruit de la tasse reposée sur la soucoupe qui sonnait pour moi l'« I-thé missa est »... Alors je me levais et j'allais prendre ma place devant le lavabo pour me raser.

À force de persévérance, j'ai enfin retrouvé au fond d'un placard une petite boîte ronde à décoration laquée. J'ai vérifié qu'il y restait quelques brins de son herbe folle et posé la boîte sur la table. J'ai poussé la considération jusqu'à lui préparer bien ostensiblement tous les ustensiles et ostensoirs nécessaires à sa divine manie. Puis j'ai pris un papier et lui ai écrit : « Fais-toi ton immonde breuvage du matin hors de ma vue et de ma présence. Prosit. Je suis parti à mon bureau. Je reviendrai dans la matinée. Il y a plein de livres dans la bibliothèque, une radio dans la cuisine, une chaise longue sur la terrasse. Il y a aussi un jardin et des champs, et la forêt si tu préfères aller te promener ».

Me souvenant qu'il était corse, j'ai ajouté : *Pace e salute*, ce qui était une manière de lui dire : Je suis dans le fond bien content que tu sois là...

Cependant je délimitais mon territoire : je le préférais au dehors qu'au dedans.

Précaution supplémentaire, superflue car ce pilleur d'intimité n'est toutefois pas indélicat, je fermai la porte de la cage d'escalier qui conduit à l'étage, habituellement ouverte ou entrouverte. Peut-être voulais-je lui faire entendre : Voilà les questions qu'il ne faut pas poser, les choses qu'il ne faut pas chercher à voir ou à savoir – tout ce qui regarde Lise, les enfants, ma vie d'aujourd'hui, et ne te regarde pas. Mon dernier camp retranché.

En revanche, j'ai délibérément laissé ouvertes les portes et les fenêtres du rez-de-chaussée. Aussi bien l'a-t-il déjà traversé hier soir. Et je suis heureux et désormais sans embarras qu'il contemple mon vivoir, même si je ne souhaite guère qu'il s'y installe hors de ma présence. J'en suis fier car il n'y peut rien critiquer. Sa sévérité s'y dissoudra comme sel dans l'eau. Il s'étonnera, admirera, ou même se rassurera-t-il s'il est venu pour ça. Tout y porte la marque d'une main redevenue solide, d'un regard qui maîtrise les harmonies des bois et des meubles ancestraux. Pas une pièce, ici, que je n'aie patiemment recherchée dans les greniers et les fermes du pays, hormis ce qui nous vient de nos familles. Pas une, blessée, enlaidie, salie, que je n'aie lavée, soignée, rétablie dans sa prime santé. Chacune et toutes ensemble témoignent de ma propre guérison lentement retrouvée, de ma force d'aujourd'hui et de… ce qu'il m'a enseigné : le goût de la beauté. Et le tyran, le maître, avant même d'être satisfait de l'esclave, de l'élève, ne le sera-t-il pas de lui-même ?

Satisfait ? Mais est-il venu pour être satisfait ? Pourquoi est-il venu ? Oui, Michel, qu'es-tu venu faire ici après dix ans de silence ? Quel dessein nourris-tu encore ? Quelle curiosité, quelle inquiétude, quelle souffrance peut-être... ont été assez fortes, assez durables pour que tu réapparaisses ?

Je ne voulais pas te revoir. Cela tu le sais. Tu ne peux pas ne pas l'avoir compris, ou du moins l'as-tu compris pendant dix ans. À l'heure du naufrage, alors que je sombrais, tu étais absent. Quand tu es revenu, j'étais parti. Tu as écrit. Je n'ai pas lu tes lettres, je n'ai pas répondu. Tu as tenté de me téléphoner à Dijon. Je fuyais le téléphone et sans doute as-tu raccroché, étreint d'angoisse. Oui, c'est moi qui ai rompu les ponts, volontairement, par désespoir. Je sais que tu as remué ciel et terre pour me joindre. Discrètement mais avec énergie. En vain. Et sans vraiment comprendre peut-être. Je ne pouvais pas, Michel... je ne pouvais pas accepter de te lire, de t'entendre, de te revoir... tes mots, ta voix, ta présence, fer dans la plaie, souffrance portée à sa pointe... Te revoir aurait accusé, creusé plus encore en moi sa disparition. Il y aurait eu à côté de toi un vide insupportable. Tu n'avais plus le droit d'exister puisqu'elle n'était plus là ! As-tu pu le comprendre ?

Naturellement, tu avais tout appris à ton retour à Constantine. Il n'a pas été nécessaire de me le dire pour que je le sache ! Tu as cherché à tout savoir et tu y es parvenu car tu obtiens tout. Mais qu'as-tu appris en glanant dans le champ de nos proches, les épis perdus d'une vie fauchée ? Qu'as-tu appris auprès des capitaines et de nos camarades à l'escadron, des toubibs et des infirmiers à l'hôpital militaire ? Rien que l'apparence des choses, la surface de mes jours, le compte-rendu clinique de mes faits et gestes, ceux d'une espèce d'automate : « On l'a trouvé là, on l'a soigné ici, il a quitté l'hôpital, il a été rapatrié... » Des informations de livret militaire. Nous nous étions quittés sous le signe de la mort sans nous douter qu'elle nous séparerait à jamais : tu partais en métropole pour enterrer ton grand-père ; au matin du jour où tu le conduisais au cimetière, on assassinait Djamila ; quand tu es revenu à Constantine, j'avais disparu ; on m'avait rapatrié par avion sanitaire à l'hôpital militaire de Dijon.

Tu as encore écrit pendant trois ans. Toujours en vain. Puis tu as cessé. Tu n'as pas tenté de téléphoner à la maison et après ta libération, tu n'as pas cherché à me revoir. Tu aurais pu, à cette époque ou plus tard, venir ici à l'improviste, forcer la porte, forcer le sort... Tu ne l'as pas fait. Je ne t'ai pas soupçonné d'avoir oublié, ni de t'être lassé. J'ai pensé que pour une fois tu acceptais ce que, moi, je voulais.

Alors pourquoi aujourd'hui, après dix ans, Michel ? Que cherches- tu de plus qu'hier? La preuve que l'homme cassé s'est réparé ? Un apaisement à tes regrets, peut-être à tes remords ? N'est-ce pas toi qui m'as fait connaître Djamila ? Si je ne l'avais connue, je ne l'aurais aimée et si je ne l'avais aimée, elle ne serait pas morte... Combien de fois me suis-je dit, *après*, que j'avais été la cause de sa mort parce qu'elle avait aimé sans s'en cacher un soldat français ? Toi, comme moi, te sentirais-tu coupable ? Cette faute, si tu te l'imputes, est-elle demeurée ou devenue si intolérable qu'elle t'ait porté jusqu'ici afin de savoir si au moins la blessure était refermée, si la vie avait repris son cours, et comment ? si, sans cesser de te reprocher d'être venu avec elle à Sidi M'Cid, tu pouvais enfin déposer une part du fardeau et alléger ta conscience ? ou bien si tu allais découvrir que le mal était fait, irréparable, que le temps n'avait rien arrangé, que si je vivais toujours, ce n'était que survie ? que si l'on se remet à vingt ans d'un amour perdu, on ne s'en remet ni plus tard, ni jamais quand ce n'est pas l'un des deux qui l'a brisé, mais la mort ?

En vérité, Michel, pourquoi m'as-tu fait connaître Djamila ? Pourquoi me l'as-tu donnée ? car tu me l'as donnée… Je n'en sais rien. Toi si peu avare de paroles, combien tu t'es montré retenu ! Que de questions je t'ai posées, directes puis détournées ! Tu esquivais.

« Elle s'appelle Djamila. Cela tu le sais. Djamila Atmour. Ses parents sont des commerçants d'El Kantara. Son père descend d'une tribu du désert, sans doute un peu bédouine. Sa mère est libanaise, européanisée. Des gens aisés, sans être vraiment riches. Djamila a reçu une éducation française. Elle est infirmière au S.A.S, le service d'action sociale de Sidi M'Cid. C'est là que je l'ai rencontrée. J'y ai plusieurs amis parmi les sous-lieutenants et les sous-officiers avec lesquels je joue aux cartes. Marc, notamment, qui a crée dans un entresol du Koudiat, une cantine pour les yaouleds, les enfants qui cirent les chaussures dans les rues »

En bref, voilà tout ce que tu m'as confié.

Mais pourquoi la piscine de Sidi M'Cid ? Si tu tenais à ce que nous nous rencontrions, pourquoi pas le S.A.S, l'entresol du Koudiat ou n'importe quel autre endroit ? Pareille mise en scène était-elle nécessaire ? si provocante, si inattendue ? Craignais-tu qu'en un lieu moins insolite, elle n'attirât pas mon attention ? Avais-tu décidé de me la montrer presque nue, comme un marchand d'esclaves, pour être certain de provoquer le choc ? Te prenais-tu pour Jupiter déclenchant la foudre amoureuse ? Et voulais-tu, en agissant ainsi, me faire savoir, irréfutablement, que tu l'avais choisie pour moi ? Je recevais l'ordre de l'aimer. Aurait-elle fait partie du programme avec les livres à lire, les musiques à écouter, les œuvres d'art à contempler ? Devais-je être disciple jusque-là... ?

J'obéissais, j'exécutais insignifiant troufion, inculte, brute minérale et silencieuse que tu avais décidé de tailler dans la masse, de sculpter, d'animer, de doter de la parole, de l'écoute et de la vue. Tu ne me l'as jamais avoué, mais j'avais fini par le percevoir : tu voulais faire de moi un autre, un être à ta ressemblance. Tu voulais que je sache ce que tu savais, voie ce que tu savais voir, entende ce que tu savais entendre. Tu voulais que je parle sans accent – mon lourd accent du Haut Jura que tu m'as fait perdre – sans erreurs grossières de grammaire et de vocabulaire. Tu voulais que je me conduise et m'exprime comme toi. Avec autant d'assurance, de poli, d'élégance. Tu ajustais mon uniforme, repliant un col, rattachant un bouton, assouplissant d'une chiquenaude la chute d'une cravate. À table, tu me commandais à voix basse : « Place ton pain à gauche de ton assiette... Essuie-toi la bouche avant de boire... Ne repose pas tes couverts sur la nappe... » En ville : « Regarde les gens dans les yeux quand tu les salues... Serre-leur la main franchement, ni trop fort, ni mollement... Cesse de dire ben... ou euh... à tout propos... ».

Un père, un professeur agissent ainsi. Mais toi, pourquoi ? Quel but inconnu poursuivais-tu ? Est-ce par caprice, par hasard, par ennui que tu as un jour, le premier jour, posé ton regard, jeté ton dévolu sur moi ? Et pourquoi moi ? N'étais-je pas semblable à mille autres ?

Dans ton obscur dessein, n'as-tu pas voulu aller trop loin ? Me donner femme, me marier... Marier leur fils, il y a beau temps que même les pères ne le font plus ! As-tu tenté de mesurer le champ extrême de ton pouvoir sur moi ? N'étais-tu pas parvenu, exploit, à force de patience et d'habileté, en jouant du temps inépuisable qui est le propre de l'armée et de l'espace réduit ou elle nous enfermait, à me refaçonner. À reconstruire un homme à ton image. Ou presque... T'en fallait-il plus encore ? Une femme. Une femme, tu l'as tenté. Tu as gagné puis tu as perdu, car elle a tout brisé. En mourant.

Et aujourd'hui, de ce qui fut ton œuvre, viens-tu observer ce qu'il peut en survivre ? Viens-tu contempler les ruines de ton château ? Au son du glas, les fondations au moins ont-elles résisté, ou se sont-elles, elles aussi, disloquées ? Si elles ont résisté, qu'a-t-on sur elles reconstruit ? En place des tourelles disparues, découvriras-tu l'équilibre d'une façade classique ou l'agitation d'une folie baroque ou encore la sérénité d'une église ? Mais non – dérisoire, n'est-ce pas ? – tout simplement et fort inattendu, comme une sorte de banal chalet suisse, gentil, tranquille, sans imagination, seulement confortable, ni d'hier ni de demain, au jour le jour, avec des fleurs, des enfants et un chien !

Est-ce vraiment pour trouver cela que tu es venu ? J'en doute... Qu'apportes-tu, Michel ?

À la scierie, le samedi matin, personne ne travaille. Sauf moi. Aujourd'hui j'aurais pu n'y pas venir. Pour une fois. Mais je ne veux rien changer à mes habitudes. Je ne veux pas qu'au village, on se pose des questions : « Tiens, il n'est pas là... ». Puérilité ? Plutôt la crainte de rompre l'ordinaire. Oui, que tout reste comme à l'ordinaire. Que rien ne vienne troubler la surface lisse du lac. Que cet apparent calme plat – cette armure – maintienne dans les profondeurs, les remous et les bouillonnements soudainement provoqués par le retour des vieux monstres. Dérision ! L'eau pour autant qu'elle en ait la couleur et l'aspect, n'est pas l'acier. Mais je suis comme l'enfant qui met les mains devant les yeux, pour ne pas entendre la réprimande de sa mère. On se protège comme on peut et le simulacre efface le danger. On ne veut pas que cela soit. Et on décrète que cela n'est pas.

Je n'ai pas grand chose à faire ou, plus sincèrement, je n'ai pas envie de faire grand chose. J'ouvre le courrier, je classe quelques papiers. Dans un tiroir, un livre. Sophie est parfois une secrétaire étourdie. Elle l'a apporté pour le rendre à la bibliothèque. Et elle l'a oublié là, toute à la fièvre des fins de semaine. Je prends le livre. Tout livre suscite ma curiosité ; je ne peux jamais m'interdire d'en tourner quelques pages ou au moins d'en lire le titre. Il m'arrive chez autrui de devenir soudain distrait alors qu'on me parle, et de tordre la tête pour déchiffrer la couverture d'un livre posé à plat sur un meuble. Lise me gronde souvent pour cette manie qu'elle trouve fort impolie.

Mais ce matin, je suis seul ; j'échappe à sa douce surveillance. Je lis le titre et le nom de l'auteur : « À l'est d'Eden ». Steinbeck. Une vieille et épaisse édition. Surprise. La même édition, le premier des livres que Michel m'a enjoint de lire. « Toi qui ne lis jamais, tu dois lire. Lis ça ! ». J'obéis et je lus, et je n'ai plus cessé de lire... Je lis tous les jours. C'est le don de Michel. Je ne serais pas celui que je suis aujourd'hui s'il ne m'avait ainsi contraint. Je feuillette les premières pages : la vallée de la Salinas, la famille des Hamilton, le vieux Cyrus à la jambe de bois, Adam et Charles... Remonte à ma mémoire la fascinante histoire à fleur de terre, bien faite pour émouvoir un paysan comme moi et, je l'ai compris plus tard, choisie à dessein pour mon initiation.

J'ouvre le livre et au hasard, je lis ces lignes (au hasard ? est-ce bien au hasard ?) : le vieux Cyrus annonce à son fils Adam qu'il partira bientôt à l'armée :

« ... *Et je veux te mettre en garde pour que tu ne sois pas surpris. D'abord ils te mettront nu. Mais ils ne s'arrêteront pas là. Ils détruiront toute dignité en toi : tu perdras ce que tu crois être ton droit imprescriptible : le droit de vivre seul, le droit à la décence. Ils te feront vivre et manger et dormir et chier avec d'autres hommes. Et, lorsqu'ils t'auront habillé, tu ne pourras plus te distinguer des autres. Tu ne pourras même pas épingler un papier sur ta poitrine disant : « C'est moi. Je ne fais pas partie d'eux* ».

Rien ne me distingue des autres... quand j'arrive dans l'immense caserne du 50ième Train, au quartier du Mansourah à Constantine. À peine dérouillé par mes classes et mon peloton de sous-officiers. Une nuit de train depuis Dijon, la peur au ventre, les larmes aux yeux, tous mes compagnons ivres. Une journée mortelle d'attente au camp Sainte-Marthe à Marseille. Une nuit de bateau, entassés au fond d'une cale sans air. Malades comme des bêtes. La flaque des vomissures coule sous les pieds des chaises longues d'un bord à l'autre, au gré du roulis. Odeur. Nous suffoquons. Encore le train de Philippeville à Constantine, puis des camions dont la bâche fermée ne laisse rien entrevoir de la ville traversée. À l'effort du moteur, on devine que nous montons. Maintenant parqués au garde-à-vous dans l'immense cour où une cigogne emblème de l'escadron, grise et déplumée, fait les cent pas autour du mât. Tous semblables, tous kakis, tous effrayés face au colonel râblé et rageur, dents en or brillant dangereusement dans le soleil. Il est assis derrière une table, flanqué à gauche d'un capitaine indifférent et à droite d'un margis.

Le margis ? Du contingent comme moi. Pourquoi paraît-il aussi à l'aise ? Tellement à l'aise qu'on ne voit plus son uniforme. Ni son calot. Ni la barrette blanche sur son calot et ses épaulettes. Il parle au colonel sans lui en demander l'autorisation et le Vieux ne le remet pas à sa place. Il répond au capitaine en le regardant calmement dans les yeux, sans raideur réglementaire du buste ni bras alignés le long du corps. Comme d'égal à égal. Il n'est ni margis, ni capitaine, ni colonel. Il est lui. Si à cet instant, j'avais lu Steinbeck, j'aurais pensé : Il a un papier invisible épinglé sur la poitrine : « *C'est moi. Je ne fais pas partie d'eux* ». Cette pensée, je l'ai euc, plus sommaire : *Libre, il est libre* !

Il me regarde. Un sentiment de panique m'envahit : je suis capturé. Son regard m'isole du troupeau. Du coup j'existe. J'ai envie de rentrer ma tête dans mes épaules, de me tasser sur moi-même. Rien à faire. Ma taille augmente, ma tête dépasse toutes les autres. Je ne peux pas ne pas grandir. Mon uniforme craque, perd sa couleur, devient bleu de la couleur du regard. Tout le monde va s'en apercevoir... Je voudrais rentrer sous terre, et je m'affole... Pourtant, il me faut faire face à ce regard qui me recrée, en accepter le danger. Je ne peux pas m'interdire d'être une personne. Je suis quelqu'un ; pas un légume, pas un mouton. J'accepte – que faire d'autre ? J'accepte le regard, j'accepte d'être. Aussitôt je m'apaise. Une joie inconnue, ou seulement perdue, fond mes muscles depuis trop longtemps durcis. Ma carapace éclate, mon armure tombe en pièces. Et je m'étonne : plus je m'expose, moins je suis vulnérable ; plus je désarme, moins je suis faible.

Le regard est parti mais le bleu est resté. Quand vient mon tour, l'oeil glaive du colonel me traverse sans me transpercer :

« Toi, qu'est-ce que tu sais faire ? »

Le margis s'est penché à l'oreille du capitaine qui se penche à celle du colonel.

« Hein ! Quoi ? Ah ! oui. Eh ! bien. Affecte-le au Bureau des Transports. Suivant ! »

Ils n'ont pas vu que je suis grand. Ils n'ont pas vu que je suis bleu. Hormis le margis. Je passe devant lui. Il m'indique le numéro de ma chambre : « Chambre 9 dans le bâtiment des services ». Son regard est à nouveau sur moi. Surprenant un regard qui n'est ni hostile, ni indifférent, à l'encontre de l'ordinaire. Un regard qui sourit et confirme : Oui, tu es grand. Oui, tu es bleu. Comme moi. Mais chut ! eux l'ignorent...

La longue cérémonie des affectations a pris fin. La lumière blanche m'a ébloui ; je ne vois plus la couleur du ciel, ni celle des murs, ni celle de l'immense cour. Je titube en ramassant mon paquetage. Je marche hébété. Chambre 9 dans le bâtiment des services ? Je demande quel est le bâtiment des services. On me le montre du doigt. Je traverse à nouveau la cour. Je pénètre dans le bâtiment et monte au premier étage. Chambre 9. Je n'ai pas de clé. Est-ce ouvert ou fermé ? Y a-t-il quelqu'un ? Je frappe.

« Entre ! »

Il est là. Je ne sais pas si je suis surpris ou si cela me paraît aller de soi. Il est assis jambes allongées, sur un lit à gauche de la fenêtre, face à la porte. Il mange une orange. La chambre est sombre. J'aperçois entre les volets à demi clos, un mur et derrière le mur, les feuilles d'un palmier. Je suis tellement épuisé que c'est la seule image qui s'imprime dans ma vision. Hors lui sur le lit, je ne distingue rien dans la chambre. Un trou noir.

« Tu veux une orange ? C'est une orange d'ici. Quand tu l'auras goûtée, tu sauras que tu n'avais encore jamais mangé une orange de ta vie ! »

Il étend la main vers la table sous la fenêtre, prend une orange sur une assiette et me la tend. Je pèle l'orange. La peau est épaisse et douce. Elle se détache sans effort sous le doigt qui l'écarte du fruit. Les quartiers sont hauts et larges, croissants cuivrés aux veines de lin. Je découvre la saveur de l'orange d'Afrique. Aucun Noël de mon enfance, aucun dimanche d'hiver ne m'ont jamais rien révélé de si doux. L'orange des fêtes du Nord laisse un souvenir un peu acide. Je mange un fruit inconnu, pour la première fois une vraie orange. Il lit mon naïf ravissement sur mon visage. Il rit :

« *La terre est bleue comme une orange...* »

Pourquoi dit-il cette phrase absurde ? Je le regarde, déconcerté. Il rit à nouveau, sans explications, et change de sujet :

« Tu es crevé. Ça se voit. Couche-toi et dors. Il n'y a pas d'appel pour toi cet après-midi. Plus tard, tu rangeras tes fringues. J'ai dégagé pour toi la moitié de l'armoire. »

Quand je me réveillai, il semblait n'avoir pas changé de position. Il lisait un livre. J'avais dû dormir longtemps : volets ouverts, la chambre était doucement éclairée par la lumière du soir. Il me regarda, me sourit, mit un doigt sur ses lèvres, façon de me dire : Chut ! ne dis rien ; continue de te reposer. Je fermai les yeux et les rouvris presque de suite. Il s'était remis à lire.

J'examinai la chambre sans d'abord clairement remarquer ce qui la meublait. Comme une photo qu'on regarde distraitement sans prendre conscience de ce qu'elle représente. Je ressentais une atmosphère ou un univers, un autre univers : je me trouvais dans une boîte bien close, séparé, protégé de l'extérieur ou dans une nacelle, détaché du sol, allégé de tout fardeau. J'en recevais un message : Ici, rien ne prévaudra contre toi ; tu es en sécurité. Un bien-être m'envahit comme à la sortie d'un rêve agréable, et qui persiste un temps après le réveil. De même qu'on tente d'en retenir les images pour en prolonger le plaisir, j'entrepris de détailler ce qui m'entourait.

Les meubles. Bref inventaire : deux lits, une table, deux tabourets, une armoire. Insignifiants, ils s'effacèrent dans l'instant où mon regard les appréhenda.

Sur le plancher, au ras des murs, des piles de livres et de revues. De ma vie, je n'avais vu autant de livres rassemblés sur une surface aussi réduite, et de cette manière.

Sur les murs, des tableaux. De haut en bas jusqu'à la lisière des livres, d'angle en angle, au-dessus de la porte, au-dessus de l'armoire, au-dessus des lits, au-dessus de la fenêtre. Il n'y avait pas suffisamment de murs, il n'y avait plus de murs. Seul le plafond était nu et j'en étais presque étonné... Pourquoi tant de tableaux, une telle profusion ? Qui les avait peints ? Lui ou un autre ? Un seul en tous cas. Il n'y avait pas eu dix peintres, deux peintres mais un seul. Pourquoi ce sentiment envoûtant d'être parti en voyage, très loin, sans avoir quitté sa place, d'être ici et là-bas ? S'il y avait un seul peintre, il y avait aussi un seul pays, les paysages d'un seul et même pays. Dix, vingt, cent paysages, un inlassable, infini panorama de paysages. Ils m'apparaissaient multiples dans chaque tableau, sans aucun être vivant. Ni homme, ni animal. Rarement quelques maisons au loin, un bateau sur la mer, un pont sur une rivière. Des paysages solitaires, une infinie solitude. Un infini de ciels, de soleils, de mers, de rivières, de lumières, de chaleurs, de couleurs. Pas de nuages, pas de blanc, pas de noir. Ces paysages sans êtres étaient pourtant vivants ! comme de chair, de sang, et d'âme, visibles et impalpables, présents et hors du temps, envahissants et pacifiques. Ils fonçaient sur moi, immobiles, chantant sans voix et sans musique. Ils m'illuminaient sans m'aveugler, m'étreignaient sans me toucher, me soulevaient de mon lit sans que je le quitte, m'emportaient sans me déplacer. Je ne pesais plus. Je demeurais dans mon corps mais je n'y étais plus enfermé. Je partais avec eux sans mouvement. Je les habitais, je me fondais en eux, j'étais eux, j'étais heureux.

Quel magicien m'avait ainsi arraché à ma pesanteur, avait brisé le verrou de mes peurs et de mes désarrois ? J'étais lavé et pur, apaisé. Par la grâce de qui ?

Il lisait, absent et présent. Absorbé par sa lecture, le regard en point mobile sur les lignes, glissant de l'une à l'autre sans lever les yeux mais avec je ne savais quoi dans le visage d'aux aguets. Je n'osais bouger ni le regarder autrement que furtivement, de crainte d'attirer sur moi cette attention prête à se manifester. J'aurais dû parler et je voulais me taire, conserver le symphonique silence surgi d'au-delà des murs, du plus profond des paysages peints qui les avaient fait éclater. Lui, le lecteur, n'était pas étranger à cet inaudible concert, je le sentais. N'était-ce pas lui qui l'avait orchestré, le dirigeait et l'exécutait en même temps ? le magicien, n'était-ce pas lui ? n'était-ce pas lui le peintre ?

Il tourna une page, pause entre deux mouvements. L'allegro s'était achevé. J'entonnai moi-même l'andante :

« C'est toi qui as peint tous ces tableaux ? Tu es peintre ? »

Il me regarda et sourit.

« Oui, c'est moi. Mais je ne suis pas peintre.

— Tu n'es pas peintre ? Si tu les as peints toi-même, tu es peintre. »

Il rit franchement.

« Il ne suffit pas de peindre pour être peintre. »

Avais-je dis une bêtise ? – Je poursuivis bravement :

« Sans doute ! mais toi tu es peintre !

— Ah ! Et pourquoi penses-tu que je sois peintre ?

— Parce que c'est beau. Je n'y connais rien mais je vois que c'est beau et que ça inspire des sentiments.

— Merci », sourit-il.

Je négligeai le remerciement et appuyai en finale :

« C'est tellement beau, ça donne tellement de sensations que forcément tu es peintre ! »

Il riait à nouveau.

« Ne te moque pas de moi. Je sais que je dis les choses bêtement. Je ne sais pas les mots pour bien les dire.

Alors, je dis seulement : c'est beau, parce que je le sens comme ça. Sinon je ne dirais rien. Je me tairais. Me taire, ça je sais...

— Te taire, ça tu sais ? Pourquoi dis-tu cela ? »

Pointe d'inquiétude : qu'allais-je répondre à cette question que je n'attendais pas ? Je demeurai silencieux. Un temps s'écoula. Il répéta doucement sa question :

« Pourquoi dis-tu cela ? »

J'hésitai à nouveau ainsi qu'un nageur à l'instant d'entrer dans l'eau froide. Puis je risquai un mot... un autre... et encore un autre…

« Je crois... Je crois que c'est plus facile de se taire. On m'a toujours forcé à me taire. Ça a commencé quand j'étais enfant. Les enfants, ça ne parle pas à table, ça n'interrompt pas les adultes. Ça répond seulement quand on leur adresse la parole. Du moins c'était comme ça chez mes parents. Eux-mêmes n'étaient pas très causants, comme on dit dans mon pays. Ils travaillaient dur et causer, c'était perdre son temps. Alors, ils ne me parlaient pas souvent et seulement pour des choses utiles : « Va chercher le lait... passe-moi ce balai... va te laver les mains... quelle heure est-il à l'horloge ?... quelles notes as-tu en calcul ?... » Ils commentaient à peine mes réponses, quand il y avait sujet à commentaires approbateurs ou désapprobateurs, plus par un geste que par des paroles. Ils n'étaient pas méchants, ni grondeurs pour un oui ou pour un non. Ils étaient calmes et taciturnes, voilà tout !

Je ne me sentais pas malheureux, mais pas heureux non plus. Je ne leur en voulais pas car je ne me rendais pas compte que ça aurait pu être mieux. Et parce qu'avec ma grand-mère, c'était pire. J'étais presque tout le temps seul avec elle. Elle marchait difficilement, avec une canne, et quittait peu son fauteuil. Mes parents étant au travail, elle estimait que c'était de son devoir de m'éduquer. Elle non plus ne parlait pas beaucoup et quand elle parlait, c'était uniquement pour me gronder : « Mouche-toi !... tiens-toi droit ! t'appuie pas au dossier de la chaise !... fais pas de bruit !... arrête de courir !... arrête d'embêter le chien !... lis pas le journal ! c'est pas pour les enfants !... » Jamais un sourire, jamais un mot gentil, jamais une caresse ou un baiser, jamais un gâteau, jamais un bonbon ! Mais des taloches... ah ! oui. Et elle me faisait sans cesse faire des choses pour elle, j'étais son petit domestique : « Ramasse mon tricot !... va chercher mon châle !... apporte-moi un verre d'eau !... aide-moi à éplucher les haricots !... tu dois rendre service, tu ne dois pas devenir un égoïste !... »

Pour que j'obéisse plus vite, elle me donnait des coups de canne comme on donne des coups de fouet à un cheval pour le faire avancer. Et elle ne les donnait pas doucement ! Elle me traitait comme son chien qui devait marcher à côté d'elle aussi lentement qu'elle, qui ne devait jamais avoir le museau qui dépasse devant ses jupes. Sinon un coup de canne ! S'il gémissait, un deuxième coup de canne plus fort. Je la détestais. Le jour où elle est morte, j'ai été fou de joie, comme si je sortais de prison.

J'ai continué à me taire à l'école. L'instituteur était sévère. Nous disions qu'il était méchant. Il nous tapait sur les doigts avec sa règle en fer quand on bavardait. Il fallait étendre la main bien à plat sur le pupitre – et il tapait. Lui non plus n'y allait pas de main morte. Alors je me taisais laissant parler les autres. Rarement quelqu'un me demandait quelque chose. Je restais dans mon coin et on m'y laissait. Je faisais du sport, du foot, ou n'importe quel jeu sans rien dire au milieu des cris et des appels. C'était devenu une habitude – ma nature. J'étais comme ça... je suis comme ça ! car, tu penses bien, ce n'est pas l'armée qui y a changé quelque chose. »

Je pris soudain conscience que je parlais... parlais pour expliquer pourquoi je me taisais. Du coup, je me tus ! Il ne reprit pas la parole. Le silence se prolongea s'épaississant sans s'alourdir, ouaté, amortissant les bruits comme une averse de neige. Il demeurait immobile, le livre à la main à demi refermé, les doigts gardant la page où il avait cessé sa lecture. Il ne me regardait pas mais sans paraître penser à autre chose, ne pas m'avoir écouté, être demeuré indifférent. Ainsi, me sembla-t-il, il me répondait : Parle si tu veux, tais-toi si tu veux, fais comme il te plait. Sans doute de ta vie n'as-tu tant parlé ! peut-être était-ce en cet instant une nécessité ; ce n'est pas par hasard que tu l'as fait. Je t'ai écouté parce que tu en avais besoin, et je ne dis rien parce tu n'as pas besoin que je dise quelque chose.

Oui, jamais je n'avais tant parlé. J'en étais surpris : quel évènement avait-il pu provoquer ce relâchement, ouvrir les vannes de mon barrage intime et en déverser les eaux retenues ? Moi, timide, si durement exercé à fuir la parole – ce piège, comment avais-je pu me laisser aller aussi naturellement, sans précaution ni crainte, à parler ? Etait-ce l'épuisement du voyage qui avait fait choir mes défenses, cette autre terre où j'arrivais inconnu sans références et sans appuis, anonyme dans mon uniforme avec seule différence et seule identité, ma voix ? Ma voix seule me donnait-elle une existence ? ou bien, plutôt, n'était-ce pas le regard reçu dans la cour, l'unique vrai regard parmi tous ? l'orange accueillante offerte à l'étranger ? la trouée imaginaire et joyeuse des paysages sur les murs ? ou la voix – sa voix ? ou simplement… lui-même ?

En quelques heures, j'avais changé, j'étais entré dans un monde différent, je m'y étais fondu : je parlais. Je regardai le faiseur de miracles, le peintre qui n'était pas peintre, le margis bleu, celui dont je ne savais pas encore le nom et qui avait fait parler le muet.

Oiseleur, pensai-je.

En montant le chemin à l'approche de la maison, les divines sonorités surprennent mon oreille, s'y glissent ténues, s'amplifient à chacun de mes pas. Le chant d'un orchestre poursuit, enlace, étreint le jeu séducteur du soliste. Concerto pour piano. Je ne le connais pas mais reconnais Mozart. Est-ce le hasard des programmes de France Musique ? Je ne le parierais pas : si ce n'était Mozart, grande chance (à peu d'exceptions) qu'il ait fermé la radio. Quand il m'initiait à la musique, « Mozart, rien que Mozart ! » s'écriait-il. Il disait aussi sans que je sache si c'était de lui-même ou citation d'auteur : « Dieu s'est incarné deux fois : la première en Jésus-Christ, la seconde en Mozart. »

Ce n'est, cependant, pas Mozart qu'il m'a offert en premier...

Un soir, fatigué par la chaleur qui avait été écrasante dans un bureau sans ventilateur, je dépouillai mon uniforme et me jetai sur mon lit avec un unique désir : dormir. À la radio, la voix affectée d'une speakerine faisait une annonce que je n'écoutais pas mais dont je retins au passage un nom inconnu et sans doute italien : Bateldi, je crois. Eclata un air de bel canto à scier l'air et à faire fuir les oiseaux. Exaspéré, je m'écriai : « Je déteste l'opéra ! Ces voix de cantatrices sont horribles ! elles me crèvent le tympan ! »

Il m'a regardé avec une sévérité douce, comme un enfant qui a dit un gros mot dont il ignore le sens. Il a arrêté le transistor et pris un disque dans l'armoire. Grande hostie noire, il l'a portée jusqu'à l'électrophone, posée religieusement sur la platine devenue patène.

Une voix s'est élevée ou bien est descendue, je ne sais, provenant des entrailles du monde ou bien du haut du ciel. Elle pénétrait en moi, y atteignait des profondeurs insoupçonnées. Je me découvrais une dimension intérieure inconnue. Mon corps m'apparut si étroit que je ne concevais pas qu'il puisse la contenir. Je comprenais soudain, quasi physiquement, l'expression étrange qui traduit dans la Bible, l'émoi de l'âme au surgissement de la présence divine : tressaillir d'allégresse. Je tressaillais d'allégresse... Extérieurement je frissonnais, comme si j'avais froid ou peur. Il y avait là une contradiction, un mystère. Immobile, comme pétrifié, changé en statue, je pressentais que le moindre geste, le moindre souffle, fût-ce un imperceptible soulèvement de la poitrine pour respirer, altérerait l'écoute, ce canal par lequel la divinité m'envahissait, se mouvait en moi, me transportait aux confins d'un monde inconnu. J'aurais voulu dresser une tente au sommet de cette montagne où j'étais élevé, et m'y étendre pour l'éternité... n'en jamais redescendre... me nourrir sans fin de cette révélation... Mais je savais qu'inexorablement, dans peu de temps, le chant s'achèverait. Je m'en désespérais tout en aspirant amoureusement à en atteindre la pointe ultime.

Cela vint. Puis ce fut fini – petite mort. J'en connus un regret intense.

Encore frémissant, j'interrogeai Michel du regard. Il me répondit par un télégramme :

« Callas. Donizetti. Lucie de Lammermoor. L'air de la folie. »

Il est assis dans la chaise longue sur la terrasse, regard fixe, visage de scribe ou de sphinx, corps hiératique, mains posées en pattes de lion sur les accoudoirs. Il contemple sans paraître aveuglé, le lac miroitant sous le dos de mouton des pâtures et les flèches lourdes des sapins.

Achille est étendu à ses pieds. Je réprime une pointe d'effroi : j'ai oublié de l'enfermer. Comment ne l'a-t-il pas dévoré ? Une rougeur d'indignation, et je le crois, de jalousie me monte au front : mon chien couché à ses pieds comme aux miens, le nez calme, une lueur tendre au coin des yeux qui, une seconde, se ternissent d'ennui en m'apercevant. Achille ne se lève pas, ne bouge pas, encore moins ne jappe ! Je lui suis indifférent, peut-être même que je le gêne ! Le chien le plus redoutable du pays se vautre devant un étranger comme un vulgaire chat sous la caresse du premier venu ! Par quelle indigne flatterie l'a-t-il apprivoisé ? Encore et toujours son talent révoltant à soumettre choses, bêtes et gens ! Je suis en rage : il m'a pris mon chien. Que va-t-il me prendre d'autre ? Moi, bien sûr, moi à moi-même, moi à nouveau, comme il m'a pris, soumis, dressé autrefois.... Comme un chien ! je peux le dire. Même imbécile animal qu'hier, je vais tomber en admiration, coucher mon esprit devant ses discours, me soumettre béat à ses jugements, obéir à la moindre inflexion de sa voix, m'abandonner au pouvoir de sa fourbe douceur et accéder sans résistance à ses trente six mille volontés... Non ! je ne me laisserai pas faire ! Je connais tout de ses tours et détours, de ses redoutables bontés, de ses doucereux chantages. Je ne céderai plus à ses irrésistibles sollicitations, à ses vérités trop limpides pour être discutées : il ne me la fera plus ! il ne m'aura pas !

Il a perçu ma présence et sans tourner la tête ni cesser de regarder le lac, il appuie sur une touche du transistor. Mozart se tait. Va-t-il de suite ou plus tard parler de l'Algérie, parler de Djamila ? Depuis hier soir je me protège ; ce matin, j'ai fui, gagné du temps... mais viendra bien le moment où il faudra faire front. J'ai peur. Pourtant le moment n'est pas encore venu, je le sens bien, je le sais... Ce n'est pas dans sa manière de brusquer les choses. Avec lui tout commence par un filet d'eau qui coule de source, chante sous le ciel, danse sur les galets, puis s'établit, s'élargit, s'impose, suit sa pente et creuse jusqu'à la mer ! Jamais le cours ne devient tumultueux, n'est détourné, jamais il ne se perd. Voire...

— Quel beau pays que ton pays !

Admiration sincère ou compliment pour flatter ? Comment lui, l'homme du Sud natif d'une île dorée et cramoisie, pourrait-il aimer ce pays ? Riche seulement de neige et d'eau, chiche de soleil, gris de roches et de nuages, vert, si vert de ses sapins qu'il en paraît noir. Le pays le plus froid de France, aux végétaux polaires, aux lichens du Grand Nord. Mais il est vrai qu'aujourd'hui...

— Le temps est superbe. C'est rare. Il n'a pas plu depuis une semaine, et on ne peut jamais savoir s'il ne pleuvra pas le soir ou le lendemain. L'été, c'est un pays d'orages qui éclatent brutalement sans qu'on les attende, et qui détraquent le temps.

— J'ai beaucoup voyagé, tu le sais maintenant, mais surtout dans les pays du Sud et je connais peu les pays de sapins. Dès que j'ai ouvert les volets, j'ai été saisi par le paysage. Le cadre de la fenêtre le découpait parfaitement : la lumière du lac, le ciel et quelques nuages blancs ; les prairies, la forêt et au dessus la falaise de la montagne : une double trilogie s'équilibrant de chaque côté d'une diagonale séparant lumière et ombre, accentuant l'une par l'autre. Un tableau, une harmonie, comme une musique...

Mais j'allais oublier : j'ai déjeuné : merci pour le thé et pour ton mot ! Je suis sorti et puisque tu me le proposais, je me suis installé dans la chaise longue. Pas par fatigue, j'ai bien dormi. Pas par paresse, tu sais que je ne suis pas paresseux. Seulement pour continuer à regarder le paysage, ton paysage, celui que tu as chaque matin sous les yeux, m'en imprégner, comprendre...

Je frémis : est-ce le filet d'eau ? Peut-être. Mais je peux me rassurer : l'orateur n'entrera pas tout de go dans le vif du sujet. Il est encore trop tôt. Tout juste a-t-il voulu l'effleurer, simple croche dans la banale mélodie du propos. Il lui fallait bien dire quelque chose, et je le connais assez pour n'avoir pas oublié que parler pour ne rien dire est un art qu'il sait aussi pratiquer. Entrer en conversation est un exercice périlleux : comme en musique, on commence par chercher le la. Il joue du diapason ! Cela m'agace. S'il faut parler de Djamila, pourquoi attendre ? Même si je le redoute, inutile de tirer sur nos nerfs ! Qu'importe les fausses notes ! nous jouons entre nous, sans public, à moins de considérer que nous sommes public l'un à l'égard de l'autre. D'entrée, une dissonance briserait le conformisme présent de la partition, rétablirait nos échanges anciens : ils n'étaient pas toujours aussi étales que ma mémoire fait métier de s'en souvenir, propos parfois hachés, sans ménagement de sa part, rebelles de la mienne avant de me soumettre. Nous le supportions hier ; pourquoi ne plus le supporter aujourd'hui ?

Je me décide à poser une question sensible :

— Peins-tu toujours ?

Touché : il ne répond pas tout de suite.

— Non, je ne peins plus.

Son ton est grave, presque triste, hésitant. Encore un temps mort et il précise :

— Depuis l'Algérie, je ne peins plus.

Du coup, c'est moi qui me tais. Intérieurement je ne fanfaronne plus. Un malaise pèse.

— David, as-tu terminé tes travaux ou as-tu encore quelque chose à faire ?

— Non, je reviens de la scierie et, ici, ce que j'ai à faire peut attendre.

— Si nous descendions jusqu'au lac ?... J'aurais plaisir à le voir de près, de marcher... Du moins si nous en avons le temps avant le déjeuner ?

— Nous avons tout le temps. Il n'est même pas onze heures.

D'un bond il s'est levé. Achille saute entre ses jambes, jappe, remue la queue, jette dans ma direction un regard inquiet, l'air de dire : Tu ne vas pas m'enfermer ? Je vais avec vous ? Toujours vexé, je l'ignore. Aussi nous suit-il sans bruit, à quelque distance, quand nous quittons la terrasse pour gagner la pente de la pâture. La terre habituellement gorgée d'eau est sèche sous nos pas. L'herbe moins verte que d'ordinaire, jaunissante à la pointe, dessine autour de nous des faisceaux de flèches au pied des plants de gentiane, hauts guerriers vert-de-gris. Achille rassuré nous rattrape. Il se place à la droite de Michel, aussi loin de moi et aussi près de lui que possible. Il a mis sa tête contre sa jambe et à force de l'y presser, le gêne dans sa marche. Michel d'une main fourrage familièrement dans sa crinière, moitié pour le caresser, moitié pour l'écarter. Soudain Achille se détache, court devant nous. Il ramasse un morceau de bois, fait prestement demi-tour, l'apporte à Michel qui le prend, le lance. Le chien fonce, freine des quatre pattes, s'aplatit touchant le sol du ventre, saisit la branche dans sa gueule, la rapporte, haletant. Le jeu est engagé, alterné et complice. Je les laisse me dépasser, me retrouve à mon tour distancé, abandonné et à nouveau jaloux. Mais je cède vite à la séduction du spectacle : Quel fameux couple homme chien, ces deux-là !

Achille n'est pas seulement le chien-loup le plus redoutable du pays, mais aussi le plus beau, le seul parfaitement beau. Il existe des animaux sans le moindre défaut, tout en harmonie et en équilibre : le corps puissant et élancé ; les jambes ni trop courtes, ni trop hautes ; le pelage épais ici, plus ras là dans un dégradé de coiffeur, passant du noir au fauve sans qu'on s'en aperçoive ; une gueule à filmer pour les magazines avec des yeux brillant de tout ce qu'ils ont à vous dire : Je t'aime... je te hais... caresse-moi... donne-moi ça... pardonne-moi, j'ai fait des bêtises... excuse-toi : tu m'as grondé à tort... En ce moment, c'est un chien danseur : il saute, court, marche, s'élance, s'étend, se ramasse, virevolte autour de l'objet de sa passion… qui n'est pas le bâton ! Le bâton, il s'en fout ! Ce n'est qu'un prétexte pour établir un lien, pour amuser Michel, le posséder, le garder à lui et que ce n'ait de cesse. Sa passion soudaine, c'est Michel. Mon chien est désormais amoureux de lui comme il l'était hier de nous. Nous, nous n'existons plus : il n'y a plus que Michel ! J'en soupire de fatalisme : il séduit tout. Toujours et partout il surprend, fascine, asservit.

Car il est comme le chien, beau. Trop parfaitement beau. Un homme n'a pas à être beau, ça ne sert à rien et ça n'est pas convenable. Mais à lui, ça convient et ça sert à tout. Puisqu'il est beau, le plus beau, il est naturellement le meilleur. À la vision qu'il donne, qui ne céderait à ce jugement sommaire ? Peu, très peu. Ceux, je l'ai parfois constaté, qui nourrissent pour lui une aversion immédiate, totale, irréversible. En général ils sont laids ou jaloux ou les deux, mais au moins gardent-ils sens critique ! Moi devant lui, aujourd'hui comme hier je le perds et cède à une admiration qui m'exaspère.

J'observe avec humeur, presque colère l'élan sculpté du corps, la tête d'archange latin, l'œil intense, exagérément bleu sous le long charbon des cils et des cheveux : vraiment il est… le meilleur, et on ne peut que se soumettre ! Pareille créature est d'ordre divin ! elle ne se décrit pas, ne s'explique pas, ne se photographie pas ; elle est hors du commun, hors même de ce qui est communément considéré comme tel ; nos films et nos magazines sont remplis de gens hors du commun ; elle ne ressemble à aucun d'eux. On ne décrit pas, n'explique pas, encore moins photographie-t-on… qui ? …comment l'appeler ? ...le porteur d'un charme ! On ne décrit pas un charme. Sa nature est magique, insaisissable. Or, Michel, on ne le saisit que par ce charme, c'est-à-dire pas du tout.

Il danse lui aussi et le chien est son partenaire. Leur jeu a l'agilité d'un ballet. Chacun de leurs mouvements apparaît naturel, fourni sans effort, alliant l'un à l'autre dans une subtile précision. Ils se prolongent pour former des figures communes qui se succèdent ou se superposent sans rupture ni flottement. Ils se passent le bâton comme un relais. C'est la rose échangée entre les amants du duo d'opéra. Il n'y manque que la musique. Et encore suis-je certain que je ne me trompe pas ? Le vent léger joue une mélodie grave sur les branches des sapins. On dirait un violoncelle.

Ils ont dévalé la pente. Michel s'arrête sur la rive du lac, prend le bâton qu'Achille a déposé à ses pieds. Il lève le bras, cambre le corps, lance le bâton très loin dans l'eau. Désappointé, Achille flaire le sol à la limite de l'eau, trempe une patte, la retire, en trempe deux, les y laisse. Il aboie l'oeil noir de reproche tourné vers Michel, s'élance, nage. Michel enlève sa chemise, la jette dans l'herbe, puis ses sandales, puis son jean, puis... Il est tout nu ! J'étrangle un cri de protestation. Je regarde de tous côtés, affolé à l'idée qu'on puisse l'apercevoir. Apparemment il n'y a personne dans les parages. Ouf ! il est déjà dans l'eau. Il nage vers le chien, se retourne, se redresse à mi-corps, me crie :

— Viens nager, David !

— Tu es complètement fou ! Si on nous voyait... Tu ne connais pas le pays !

— Il n'y a personne ; c'est un désert. Viens nager !

J'obtempère furieux, mais vaincu comme toujours. Jamais de ma vie, je n'ai aussi vite quitté mes vêtements et plongé dans le lac. Ne lui ai-je pas dit, hier soir, que je suis maire de Chapelle d'Amont ? Quel compte en tient-il ? Si un de mes administrés passait là par hasard, quelle tête, quelle gueule ! ferait-il à la vue de son maire en tenue d'Adam ? Je serais battu aux prochaines élections...

L'eau m'habille avec une douceur qui me surprend. Je perds brusquement mes entraves. Je suis libre. Une euphorie inattendue, un bien-être tranquille m'envahissent. J'oublie le maire, j'oublie le temps, j'oublie Lise, les enfants, la scierie, la maison... j'ai dix ans de moins, j'ai à nouveau vingt ans à Constantine, à Sidi M'Cid... je nage avec une vigueur que je n'économise pas... Quelques brasses, je rejoins l'homme et le chien. Et c'est moi qui propose, désir de revanche, de reprendre le dessus, de dominer qui me domine :

— Michel, on fait la course ?

— Gare à toi ! tu la perdras !

— Gare à toi-même !

— Je n'ai jamais perdu !

— Aujourd'hui, tu perdras... Vise la rive d'en face, mais attention ! en diagonale, vers les buissons sur la droite.

Je jette un regard machinal en direction du goulet entre les deux parties du lac, un peu en deçà, là où se forment les tourbillons invisibles dans la faille traître qui précède le passage. Je répète :

— Attention ! vers les buissons sur la droite. Ne dérive pas à bâbord !

— Merci, grand-père. Je sais encore tenir un cap ! raille-t-il.

Nous nous alignons. Nous nous élançons. Achille patauge bravement derrière nous. Nous le distançons aussitôt d'un battement bruyant. Mes bras, mes jambes frappent l'eau rageusement, comme si ma vie en dépendait : Cette fois, je le battrai ! Je ne sens plus l'eau, plus le vent, plus le soleil, plus rien d'autre que ma volonté tendue vers le but : gagner ! Je l'entends près de moi, aussi tendu, ni devant, ni derrière, à côté... Me dépassera-t-il ou est-ce moi qui vais le dépasser ? Ne pas chercher à le savoir : je dois le dépasser ! Pas un regard à perdre, pas un geste inutile ! C'est trop important : gagner ! L'épreuve dure le temps d'un éclair, le temps d'un siècle, je ne sais... Voici que je perçois le fond, plus proche, la berge qui s'avance. Déjà mes bras, mes pieds raclent les graviers. La grève est là. C'est fini. Je me redresse. Il est déjà debout. J'ai perdu.

J'enrage mais je reconnais, beau joueur :

— Tu es toujours le plus fort.

— Je te l'avais dit.

Il rit. Il me saisit aux poignets, me fait tourner en rond de toute sa force. Surpris, déséquilibré, je crie, je l'insulte :

— Brute ! salaud ! mes pieds !

Les cailloux me trouent la peau comme des aiguilles.

— Arrête, imbécile ! crétin !

Je résiste. Je casse la ronde, libère mes bras, lui cogne la poitrine à coups de poing. Il me renverse d'un croc-en-jambe. Je l'entraîne dans ma chute. Nous tombons rudement en criant : « Aïe ! Aïe ! ». Nous roulons dans l'eau. Nous tentons d'échapper à l'aiguillon des graviers, luttant à qui fera boire la tasse à l'autre. Achille nous a rejoints ; il s'est ébroué sur la berge ; il aboie énervé, se jette sur nous pour prendre sa part du combat. Nous faisons un bruit d'enfer. Nos clameurs et le claquement de l'eau doivent s'entendre jusqu'au village... J'en prends conscience : Si on nous entend... si on nous voit... Nous nous battons comme des collégiens et nous sommes tout nus ! Je redeviens aussitôt adulte, je me dégage.

— Assez déconné ! dis-je d'une voix grave, celle du magistrat communal.

Je cours vers l'abri des buissons, m'y dissimule essoufflé, serrant mes genoux entre mes bras. Il n'a cure de mes pudeurs : lui sort du lac lentement, bien droit, avec la majesté d'Apollon. La peau humide, il luit au soleil comme un marbre de fontaine. L'indécente statue pose sur la grève, les bras levés s'ébouriffe les cheveux pour les faire sécher.

Exaspéré, je l'apostrophe :

— Espèce de con ! viens ici ! t'as oublié que t'es à poil !

— Quelle affaire ! on est dans un désert !

Et à nouveau, il rit.

Cependant il obéit et me rejoint. Il se couche dans l'herbe à l'abri du feuillage. Je soupire, soulagé. Nous reprenons souffle silencieusement. Achille apaisé s'est installé, bien sûr, à côté de lui et le surveille, l'oeil mi-clos, sournoisement attentif. Michel, lui, a fermé les paupières. Sa respiration devient lente, un peu sifflante. Il s'est endormi. Je suis intrigué : ce n'était pas dans sa nature de dormir dans la journée ; aurait-il changé ? Un cerne bleuté poche légèrement ses yeux au-dessus des pommettes où s'esquisse un creux qui n'y était pas tout à l'heure. A-t-il un coup de fatigue ou aurions-nous vieilli ? Non... nous n'avons pas vieilli, nous n'avons même pas *forci*, comme dirait ma mère pour qualifier sans faire de peine un embonpoint naissant. Sans doute avons-nous seulement perdu cet air trop juvénile que je trouve désormais aux conscrits du village, ce qui me les fait croire faussement plus fragiles que nous ne l'étions à leur âge.

Nous n'avons pas changé, non... Je le vois là tel que je le voyais hier, la peau brunie par le soleil, brune comme était naturellement brune celle de Djamila, si ressemblant à Djamila, trop ressemblant pour que je n'en souffre pas… Sa présence redessine dans l'espace les traits à demi effacés dans mon souvenir, presque flous, d'une autre personne – Djamila. Je sais pourquoi je ne voulais pas le revoir.

Mais je le vois, les revois tous les deux… à Sidi M'Cid. Le frère et la sœur nés d'un père différent mais de la même mère : *Mare nostrum*, notre Mer, comme il disait. Lui sur le rivage du Nord, elle sur la rive du Sud. L'un avec je ne sais quoi de mieux dressé et l'autre de moins apprivoisé. Ressemblants et pourtant distincts. Deux rameaux d'un même arbre qui n'ont pas reçu le soleil aux mêmes heures de la journée.

J'entends leur voix quand ils parlaient ensemble. Elles montent et descendent, accélèrent, ralentissent, leurs intonations s'éloignant autant qu'il est possible du ton monocorde du parler des gens de mon pays. L'une atteint parfois une stridence qui électrise l'air quand l'autre s'approfondit dans une gravité d'orage.

Je retrouve leurs visages, lui à l'oeil d'un bleu souvent si sombre qu'il en paraît noir, elle d'un noir si brillant qu'il en paraît bleu. Mais la vague de leurs cheveux, courte chez l'un, longue chez l'autre, possède le même éclat de jais.

Face à eux, blond et pâle, je me sens un peu exclu, né d'un autre sang sur une autre terre, dans un pays lointain et froid, austère et ennuyeux.

Michel s'est réveillé, regarde devant lui et – m'a-t-il deviné ? – me dit :

— Combien ton pays est différent du mien ! Il ne sourit pas. Il est grave, comme dépouillé de ce qui n'est pas nécessaire. On dirait un immense monastère qui nous enveloppe de son silence. Généralement je n'aime pas le silence. Il est comme la mort. Il me fait peur. Il me donne une sorte de vertige. Il est vrai que je n'en ai pas l'habitude : je vis au milieu de gens qui parlent, parlent... Mais ce silence autour de nous n'est pas pesant. Il est au contraire apaisant. J'ai le sentiment qu'il ne m'est pas inconnu, que je l'ai déjà rencontré. Je crois que je le reconnais aujourd'hui. Ne le portes-tu pas… ne le portais-tu pas en toi quand je t'ai connu ? Il exprime, exprimait une force, un calme qui provenaient, à travers toi, je ne savais d'où. Là-bas, j'en recherchais la source, j'aurais voulu la découvrir pour en tirer une leçon et en être habité, comme toi. Je n'ai pas trouvé. Je me suis contenté d'en éprouver le bienfait, communiqué par ta présence. (C'est un aveu, n'est-ce pas ? Je ne t'en avais jamais tant dit !)

Puisque j'ai commencé, continuons : je n'étais pas tout à fait satisfait ? Pourquoi ? Il y avait une autre part en toi. Qui contrariait la première. Cette autre part, je la connaissais : dès le premier jour, tu m'en avais révélé les raisons, mauvaises raisons, qui te faisaient dire : « Me taire, ça je sais ! » C'était un mauvais silence, ce n'était même plus le silence : simplement, tu te taisais par défense, par le faux sentiment que tu étais inférieur aux autres, plus faible, moins capable.

Cela, j'ai décidé de t'inciter, t'aider à le combattre. Pour que disparaisse cette mauvaise part, pour tirer le meilleur de toi... Oh! ce n'était pas très philanthropique ! Fait-on jamais dans la vie quelque chose pour un autre que soi-même ? Je voulais bénéficier de ma bonne action – c'est satisfaisant en soi, une bonne action ! et j'en retirais des fruits : l'agité que je suis, recevait la paix... tu ne peux pas savoir combien j'avais besoin de paix... Bref ! j'ai fait le professeur. Tu t'es montré docile, réceptif : tu avais soif toi-même de devenir autre, plus fort, plus sûr de toi, plus avisé, et tu l'es devenu. J'ai bien réussi. Pourquoi, après, ai-je tout...

Mais qu'est-ce que je raconte là ? quel besoin ai-je... ? je ne peux pas me taire ! je serai donc jusqu'à la fin un insupportable bavard ! un dangereux bavard ! Dangereux... »

Il s'est assis, le dos raidi. À l'unisson du ton, son visage a pris un air de colère. De confusion aussi. Il est devenu rouge comme le corail serti dans l'or de la croix qu'il porte au cou et qu'il serre d'une main énervée. Il referme les yeux, repose rageusement la tête sur le sol, se rendort. Est-il donc si fatigué ?

Dangereux, a-t-il dit. Dangereux pour qui ? Pour lui-même ? Pour moi ? Inutile de poser ces questions, elles resteraient sans réponse, et s'il y avait eu danger, j'y avais paré en demeurant silencieux... comme à l'habitude ! Ainsi n'aura-t-il pas perçu en faisant son discours, le remue-ménage provoqué sous mon impassible surface. Quel aveu en effet, et combien tardif ! Dix ans après... Car si j'étais, si je suis silencieux, lui, sur ce point n'avait jamais parlé non plus. Que de fois m'étais-je demandé : Pourquoi ce subit intérêt à mon égard, cette impérieuse prise en charge ? Quel besoin cherchait-il à satisfaire, lui pourvu déjà de tous les dons que la nature peut accorder, né avec une cuiller d'argent dans la bouche ? Quelle réponse trouvait-il dans l'homme que j'étais, montagnard rustique, mal dégrossi, n'ayant quasiment jamais quitté son village ?

Il vient de m'apporter une réponse, le début d'une réponse. Réponse inachevée : il s'est brusquement coupé. Que signifie cette rupture ? Pourquoi me le demander ? J'en connais la raison : un nom, un seul nom, le nom qui n'a pas été prononcé, qui pèse entre nous et ne parvient pas à passer nos lèvres : Djamila.

Djamila, cette souffrance qui a failli me tuer, s'il n'était pas venu avec toi à Sidi M'Cid, je ne l'aurais pas connue… et je ne t'aurais pas connue non plus ! Elle m'appartient cette souffrance, et je n'ai aucun ressentiment : il en est innocent. Elle a été le prix à payer pour cet évènement que je ne sais comment appeler tant les mots sont pauvres, réduisent : coup de foudre, amour, passion… tout cela est usé, ridicule – presse du cœur, ne pouvant rien signifier pour moi d'assez vaste, d'assez mobile, d'infiniment mobile. Rien ne saurait exprimer ce mouvement qui m'a saisi, emporté jusqu'au point où il n'est plus rien resté de moi-même – où je suis devenu moi-même. Courte période de ma vie, déchirure bleue dans le gris de mes jours, cicatrice aujourd'hui qui toujours me fera mal. Tant pis ! Tant mieux !

Il est venu, je le vois là. Et tu es avec lui, Djamila. Brune est sa peau comme était brune la tienne. S'il n'était là étendu près de moi, je ne te reverrais pas comme je te revois en cet instant. Tu es là aussi, Djamila... va-t-en, Djamila !... non, reste ! Je vais souffrir, pleurer sans larmes, Djamila du Koudiat. Je me tourne contre la terre, j'enfouis à demi ma tête entre mes bras, baisse les paupières pour voiler mon regard et à travers cette brume, la lumière poudroie sur sa peau brune et sa chevelure noire. En ce flou ondoyant s'efface son corps d'homme et c'est ton corps doré, Djamila, qui renaît sous mes yeux. Je n'aurais, me semble-t-il, qu'un geste à faire, un bras à tendre, ma main à poser pour retrouver ce qui a disparu : l'irradiante chaleur de ta présence.

Sur le drap blanc dans la chambre du Koudiat, le soleil à travers les fentes des persiennes dessinait des raies d'ombre et de lumière qu'infléchissait la courbe de nos corps. Elles enrubannaient tes seins et tes hanches de bandelettes couleur de jour, couleur de nuit, échelle visible du temps invisible. Dans le rêve infini où tu m'emportais, je n'ai pas compris l'avertissement, le cruel message de nos jours comptés : une barre sombre, une barre claire, une encore et puis une autre, encore une autre… une dernière : le vide, la chute rompant l'éternité.

Comment ai-je pu vivre sans toi, Djamila ? Evadé de la clinique militaire, pourquoi ne suis-je pas mort quand j'errais sans bruit, sans but, dans les rues noires de Constantine aux heures interdites du couvre-feu ? Comment dans les ruelles de la Casbah où un Français ne pouvait s'aventurer que pour mourir, ai-je échappé au couteau des rebelles ? Pourquoi vacillant au haut des gorges vertigineuses, n'ai-je pas basculé dans le vide et ne me suis-je écrasé dans l'eau immonde du Rummel, sur ses rochers souillés d'ordures et de fiente ? Au moins serais-je là où tu es, Djamila, si tu es quelque part... Du moins serais-je mort dans ta ville, mort auprès de toi, mort tout près de ta mort. Quel hasard, quel Dieu ont-il pu me sauver ? Si je peux appeler cela *sauver...*

Oui, j'ai survécu et, depuis, je vis une deuxième vie. Apparemment paisible : marié, père de famille, entrepreneur, élu local, notable rural estimé de tous. Mais est-ce que je me reconnais dans cette image qu'on me renvoie de moi ? Non. Tous ignorent celui que je fus, que je demeure dans un endroit secret. Moi l'amant de Djamila, l'homme animalement nu gémissant de plaisir comme gémit une bête blessée à mort, hurlant son impudique extase sans souci qu'on l'entende au-delà des volets clos sur l'étouffante moiteur de l'été ; l'homme métamorphosé ne faisant qu'une même eau avec la femme océan en laquelle il s'engloutit.

Djamila, Djamila, tu es là et tu n'es pas là... Je pleure sans larmes comme je le prévoyais. Je me sens prisonnier de mon corps d'aujourd'hui, du temps présent que tu ne partages plus, de ce pays trop vert aux insupportables certitudes. En moi une force douloureuse s'aiguise vainement à vouloir les briser comme on briserait des barreaux, afin que je m'échappe vers toi... mirage.

Mirage ?... Mirage, il est temps de t'effacer, inutile souffrance, absurde torture ! Djamila, il est temps de nous quitter. Redevenons raisonnables.

J'ai relevé la tête, chassé le chatoiement trouble périlleusement entretenu. Ce n'est pas toi, ma brune Djamila, qui dors à mon flanc droit. C'est Michel, rien que Michel, qui a bougé et à nouveau s'éveille.

Je lui souris comme si de rien n'était, d'un ton banal lui dis :

— Il est temps de rentrer déjeuner.

— ... Ce n'est pas de la fleur, de la tige, des feuilles, de ce qui apparaît sous nos yeux dans le pré devant nous, qu'on le tire, mais des racines. Des racines profondes, ramifiées, dures comme de la pierre, si dures qu'elles font corps avec la roche. Quel travail à l'automne pour les arracher ! J'utilise un pic spécial, difficile à manier. Je dois y appliquer toute ma force et encore cela ne suffit pas. Il faut en plus posséder le coup de main, celui que m'a appris mon père qui lui-même l'a appris de mon grand-père, et en remontant ainsi depuis des générations. Je coupe les racines les plus fines, les nettoie, les hache, les mets à macérer dans un cuveau que j'installe dans une écurie du village où les bêtes passent l'hiver. La température constante qui y règne, facilite la fermentation. Quelques mois après, il reste à distiller. En cachette, car c'est interdit. Stupide réglementation ! Cette goutte n'est pas un alcool qui tue. C'est un remède, – pas un remède de bonne femme ! mais de bonshommes, ancien et roboratif, un élixir. Malgré le plaisir que nous prenons à le boire, sa place serait plutôt dans l'armoire à pharmacie. Les gens du pays le donnent au bétail quand il a mangé trop d'herbe mouillée et attrapé le gros ventre. Nous en prenons nous-mêmes quand nous avons trop bien mangé ou trop bien bu. C'est le palliatif de nos excès...

S'intéresse-t-il sincèrement à la gentiane ou se préoccupe-t-il de me faire parler pour n'avoir lui-même rien à dire ? Par principe un journaliste s'intéresse à tout, et ce ne serait pas la première fois que les secrets de fabrication de notre rude alcool indigène à l'âpreté qui révulse les papilles trop timides, susciteraient les curiosités de la presse. Mais je soupçonne que son intérêt n'a rien de professionnel : éprouverait-il ce que j'éprouve ? Pour lui comme pour moi, et contrairement à ce que j'imaginais, Djamila serait-elle un sujet tabou ? Je ne peux parvenir à y croire tout à fait et je m'avoue que si c'était le cas, j'en ressentirais à revers de mon appréhension, comme un dépit... Suis-je à ce point contradictoire ?

Pour chasser ces pensées qui me déplaisent, je quitte la table et vais chercher des cigarettes dans la maison. Je reviens vers la terrasse. Une vive secousse me traverse. Je me mets à trembler. Je veux crier : Djamila ! Djamila ! Comme dans un rêve, le cri s'étrangle dans ma gorge...

Je te vois à contre-jour, de dos, le buste un peu incliné en avant, dans ton chemisier bleu à col masculin. Tes cheveux bouclent sur ta nuque dont l'or d'une chaîne souligne l'éclat brun. Tu bois du café. Je suis allé acheter des cigarettes et je te regarde dans l'encadrement de la porte, assise à la terrasse ensoleillée du petit bar d'El Kantara, près du pont, où nous allons souvent à la fin de nos promenades, le dimanche après-midi. Cloué sur place, saisi de ferveur, je me répète : Tu es à moi ! Tu es à moi !... Emerveillé, je pense que dans une seconde, je serai à nouveau assis en face de toi, je prendrai ta main, la serrerai très fort, j'entrerai dans ton regard et ne vivrai plus qu'en toi si immensément, si pleinement que j'en éclaterai comme se déchire un vêtement trop étroit, et ce sera presque une souffrance.

Mon émotion est si forte que je vacille, saisis d'une main le bois du chambranle. De l'autre, j'essuie mon front humide. Djamila a bougé ; elle se redresse... je vois Michel qui a posé sa tasse sur la table et s'adosse à sa chaise : il porte une chemise bleue à manches courtes, taillée vague qui efface les épaules, arrondit le dos, le col ouvert dégageant la nuque où brille une chaînette et bouclent des cheveux mi-longs.

La colère monte en moi. Je ne vacille plus. Poings serrés, je le regarde avec ressentiment, presque aversion. Je sais pourquoi je l'avais gommé de mon existence et faisais le mort : sa seule présence crée l'illusion d'une autre présence et tout renaît douloureusement. Il réveille en moi irrémédiablement le *veuf*. Il faut qu'il parte. Vite ! Que je retrouve mon équilibre si facilement menacé, que je repousse au fond de moi ces charbons mal éteints qu'un souffle suffit à faire rougeoyer. Il faut que je continue à tenir droit sur le fil de ma vie et avancer, avancer... sans plus jamais regarder derrière moi. Lise, Lise, quelle malheureuse idée d'être partie cette semaine en Suisse chez tes parents avec les enfants ! Si tu étais là, je ne risquerais rien. Il serait déjà reparti. Il ne serait même pas venu. Je ne puis lui dire de s'en aller. J'ai accepté qu'il reste. Je dois attendre son départ. Je ne peux que ruser avec moi, avec lui, patienter, gagner du temps, esquiver et si nécessaire parer les coups.

Il n'a pu percevoir mon trouble. Apparemment serein, j'ai repris place en face de lui. Opportunément Achille attire son attention en posant une patte sur son genou. Il va lui donner (sans ma permission...) un morceau de sucre ou un gâteau. Pendant qu'il s'occupe du chien, je n'ai pas besoin de parler. J'ai épuisé mon propos sur la gentiane. Il me faut trouver un autre sujet de conversation pour tout à l'heure, un sujet qui le concerne, lui. Lui seul. En dehors de moi.

Mais de lui, que sais-je ?...

À Constantine, il parlait pour me poser des questions ou m'entretenir de livres, de cinéma, de peinture et de tellement d'autres choses, mais jamais de lui. Jamais spontanément. Il fallait qu'à mon tour, je le questionne ; le plus souvent, il s'esquivait. Un jour, d'un livre est tombée une photo. Plus prompt que lui, j'ai été le premier à la ramasser. Sa main a saisi l'autre bord du cliché, a tenté fermement de me le reprendre. Mais je n'ai pas relâché ma prise ; il a dû abandonner sous peine de le déchirer. Il n'a pas protesté mais son visage s'est rembruni. J'ai reculé, me suis assis sur mon lit, ai regardé la photo. Je m'attendais confusément à voir des gens, une personne, un visage, quelqu'un de sa famille, une femme...

J'y découvris précédée d'un jardin, une grande maison. Entre rose et beige, au crépi usé par le temps, carrée, sur quatre étages, dominant à flanc de pente un paysage invisible. En avancée de la façade, un soubassement à arcades se couronnait d'une vaste terrasse à balustrade sur laquelle donnaient quatre portes-fenêtres. De même quatre par quatre, s'ordonnaient hautes et larges les fenêtres des autres étages. Les grands volets de bois à jalousies étaient tous fermés, sauf un. Une frise développait des volutes souples sous le toit couvert de tuiles romaines que coupaient, au centre, une courte terrasse et un élégant belvédère vitré. Dans le jardin planté symétriquement de lauriers-roses et d'orangers, un palmier tenait la place centrale.

Ces détails s'étaient spontanément imprimés dans ma mémoire. Aujourd'hui encore, je m'en souviens au point de pouvoir les dessiner avec exactitude. À cette époque, c'était la première fois que je voyais pareille maison si différente de celles de mon pays, attirante et fière dans la modestie de ses matériaux. Il en émanait sous le ciel bleu, vue en contre-plongée sur le cliché, une impression de puissance et d'harmonie qui, tout en intimidant, invitait à entrer. Cependant je me défendais mal contre un sentiment triste : tous ces volets fermés l'étaient-ils uniquement sous l'effet de la chaleur ? ou la maison trop grande, vieillissante dans un pays qui se perdait, avait-elle été abandonnée par ses habitants ?

Je retournai la photo. Au dos il y avait une inscription manuscrite, tracée d'une belle écriture démodée : *Pallazo Acquaviva.*

« C'est ta maison ? demandai-je

— Celle de mon grand-père, répondit-il réticent.

— Où se trouve-t-elle?

— En Corse.

— Ça, je l'avais deviné.

— Dans un village de Balagne.

— La Balagne... ?

— Oui, une région de la côte occidentale, au nord-ouest de la Corse.

— C'est un village au bord de la mer ?

— Non. En Corse, les villages ne sont pas au bord de la mer.

— Pourquoi ?

— À cause des invasions, autrefois...

— Alors, il est dans la montagne ?

— Au début de la montagne, à quelques kilomètres de la mer.

— On voit la mer depuis la maison ?

— Oui, et la vallée qui y mène, et les montagnes autour...

— Comment s'appelle-t-il ? »

Il ne répondit pas tout de suite, hésitant comme avant de prononcer une parole grave. Il leva vers moi un regard qui m'étonna, chargé de tristesse, presque de chagrin.

« *Valle di Paraso* ».

Il avait prononcé ce nom avec l'accent rauque et chantant de la langue corse, le e escamoté, le r plus raclé que roulé. Je ressentis qu'il m'introduisait comme à regret mais désormais sans résistance, dans une part intime, défendue, sans doute douloureuse de lui-même. J'avais atteint, me sembla-t-il, un secret bien gardé dont il me confirmait l'existence. Allait-il m'en livrer le contenu ?

Sottement, cruellement peut-être, je demandai :

« *Paraso*, c'est presque *Paradiso*... Est-ce qu'en corse, Valle di Paraso veut dire Vallée du Paradis ? »

Il sourit.

« En quelque sorte, oui... J'aime assez cette traduction... En réalité, le Paraso est un cours d'eau qui se jette dans la mer, un tout petit fleuve. »

Toujours sottement, je poursuivis :

« Et ton village, c'est vraiment le paradis ?

— Oui, ça pourrait l'être...

— Mais ça ne l'est pas ?

— Ne sois pas idiot ! Veux-tu me faire dire, comme au premier imbécile venu, qu'il n'y a pas de paradis sur terre ? Valle di Paraso, c'est simplement un village dans un endroit exceptionnellement beau, où l'on pourrait passer sa vie à ne rien faire d'autre que contempler ce qu'on a sous les yeux : les montagnes qui tranchent le ciel, la mer qui s'y confond, les milliers d'oliviers qui courent de la montagne à la mer comme une rivière d'argent, les taches blanches et noires des troupeaux de moutons, le campanile rose de l'église sur le plateau d'un promontoire, les cyprès du cimetière aussi nombreux que les tombeaux qu'il abrite, les maisons très hautes qui s'entassent en désordre, unies par le crépi ocré des murs et les tuiles rondes des toits, les jardins en terrasses traversés de ruisseaux, les citronniers, les orangers chargés de fruits qui brillent au soleil comme les boules d'un arbre de Noël... je vais devenir un poète romantique si je continue !

— C'est là que tu habites ? »

Il répondit par une question qu'il paraissait se poser à lui-même:

« Est-il possible de vivre ailleurs ? Et pourtant...

— Et pourtant quoi ?

— Et pourtant rien ! la vie, c'est la vie : il y a toujours un ver dans le fruit... Banal à dire. »

Je n'osai pas insister.

« Tu es né à Valle di Paraso ?

— Oui, j'y suis né.

— Tes parents y habitent-ils ?

— Mon grand-père.

— Et tes parents ? »

Il ignora la relance.

« Mon grand-père habite la maison de la photo. Il y vit seul depuis que je l'ai quittée. Il n'est pas encore très vieux, mais il est malade. Quand j'étais petit, il m'emmenait dans ses olivaies et dans ses vignes dans une voiture à cheval qu'il conduisait lui-même. Les oliviers occupaient les pentes de la vallée et les rives du Paraso, les vignes une partie de la plaine à son embouchure sur la mer. Il s'y trouve une des plus belles plages de Corse – pour moi, la plus belle du monde, la plage de Peraiola.

Dans la vallée et dans la plaine, il régnait une chaleur étouffante. Pendant que mon grand-père aux côtés de ses ouvriers soignait ses oliviers et ses plants de vignes, j'avais la permission de me baigner. Pas seul ! Peraiola est une plage très dangereuse : il s'y forme par temps de vent, – en Balagne, le vent est très fréquent – des rouleaux qui entraînent au large les nageurs inattentifs ou imprudents.

Mon grand-père me confiait à un allemand qui avait été champion de natation dans son pays. C'est lui qui m'a appris à nager. Prisonnier à la fin de la guerre, en 1945, il n'était jamais retourné en Allemagne. Il vivait seul dans une vieille bergerie de la vallée que mon grand-père lui prêtait en contrepartie de l'entretien des murs, du toit et des enclos. Il élevait des chevaux et possédait des ruches. Il vendait les chevaux dans les villages et son miel sur le marché de L'Île Rousse, la petite ville de la région. Il savait le français et avait appris le corse. Finalement tout le monde l'avait accepté. Il parlait peu, souriait peu, ne se mettait jamais en colère. Bienveillant, généreux – l'argent ne l'intéressait pas – il rendait service avec une simplicité, une gentillesse qui faisaient dire aux gens : « Lui, c'est un bon allemand ».

Pédagogue, il aimait les enfants et leur apprenait à nager. Les Corses n'aiment pas la mer, peu s'y baignent, moins encore savent nager. Mais grâce à lui, à Valle di Paraso, tous les jeunes de ma génération, garçons et filles, nagent comme des poissons, ce qui passe pour une curiosité, presque une excentricité, au regard des autres villages balanins... Conrad m'a appris à nager par n'importe quel temps, à aimer l'eau, à connaître la mer comme mon milieu naturel. Il m'a appris le souffle, la résistance, la maîtrise de soi, la réflexion en toutes circonstances, et avant toutes choses, la prudence et l'économie des moyens. Si je suis bon nageur, c'est à lui que je le dois.

Maître en natation. Conrad l'était aussi en équitation. S'ils ne sont pas marins, les corses sont montagnards et pour se déplacer sur leurs chemins escarpés, beaucoup d'entre eux possèdent des chevaux, – et pas seulement des ânes, comme le voudrait la légende. Ils les montent avec rudesse, par utilité, pas pour le plaisir. Mon grand-père, excellent cavalier, était de cette école : sa monte ne se préoccupait que d'être efficace. Dès l'âge de six ans, il m'en avait appris les rudiments et comme nombre de jeunes, je montais gaillardement sans grand souci de perfection. Conrad, lui, était un cavalier formé aux écoles du continent. Il m'a appris à monter dans les règles. Il ne badinait pas avec les règles, mères de l'audace et de l'élégance... et de la sécurité ! Grâce à lui, aujourd'hui, je sais faire n'importe quoi à cheval, mais toujours dans les règles.

Les heures les plus passionnantes de mon enfance, c'est avec lui dans la mer à Peraiola et sur les chevaux que je les ai vécues. Je lui faisais une confiance totale. Il émanait de lui une force impressionnante. On aurait dit un rocher indestructible. Auprès de lui, on n'avait peur de rien. Et pourtant...

— Et pourtant ?

— Il est mort noyé. Un jour de tempête. Un voilier en perdition qui venait de Saint-Florent. Un homme et une femme à bord. Il était sur la plage. Il a sauvé la femme. Il a tenté ensuite de sauver l'homme. Le voilier s'est retourné sur eux. Pris sous la coque, ils n'ont pas pu se dégager. Ils sont morts tous les deux. J'ai pleuré beaucoup. Longtemps. Je m'étais enfermé dans le grenier. Il fallait que personne ne me voie, ne m'entende. Un homme ne pleure pas.»

Il s'était tu. Je n'ai plus posé de questions.

Je n'ai jamais rien appris d'autre sur lui, sinon qu'il avait fait des études de Droit et de Lettres à Aix-en-Provence. Ce n'est pas aujourd'hui, en cet instant, que je vais tenter de le faire s'épancher. Serais-je d'ailleurs demeuré assez curieux de lui pour souhaiter en savoir plus à son sujet ? Alors...? Alors, parlons de la Corse. Le sujet est assez général pour que je ne paraisse pas indiscret et il répondra ce qu'il voudra bien répondre ; il lui sera facile de s'ouvrir ou d'éluder.

— Retournes-tu parfois en Corse ?

— Oui, chaque fois que je le peux.

— À Valle di Paraso ?

— Tu n'as pas oublié le nom de mon village... Oui, toujours à Valle di Paraso.

— Qu'est devenue la maison de ton grand-père ?

— Elle est à moi maintenant. Avec les terres, c'est mon seul bien, du moins le seul auquel je tienne. Je l'ai conservée telle qu'elle était. Je me contente de l'entretenir. Je n'ai pas changé un meuble de place. Je veux imaginer que la reconnaîtraient ceux qui l'ont habitée avant moi s'ils avaient le pouvoir de revenir, qu'ils croiraient, en la retrouvant, l'avoir quittée la veille... Je l'ai à peine modernisée. Juste ce qu'il faut pour qu'elle soit habitable de nos jours. Une salle de douche très sommaire. Une petite cuisine dans un ancien office à côté de la vieille cuisine que j'ai conservée intacte. De même je conserve le jardin dans l'état où il a été planté. Je fais simplement nettoyer le sol et tailler les arbres. Bien sûr, ils ont grandi depuis mon enfance. La cime du palmier atteindra bientôt le toit. C'est dommage ; j'aurais voulu pouvoir immobiliser sa croissance pour le garder tel qu'il était sur la photo que tu as vue à Constantine, si tu t'en souviens. À la mort de mon grand-père, j'aurais voulu que tout s'arrête, que tout reste immuable.

Rêve impossible, absurde ! mais je le poursuis... J'ai dû refaire une partie du toit ; j'ai couru la Balagne pour retrouver des tuiles anciennes, identiques à celles d'origine. J'y suis parvenu sans trop de peine grâce, hélas ! aux maisons en ruines ; il y en a tellement maintenant. Il a fallu aussi recrépir les façades. Là encore, j'ai dû battre la campagne pour trouver un maçon sachant encore faire le crépi à la chaux qu'on a abandonné pour le ciment, – quelle horreur ! Je n'ai hérité d'aucun argent et les terres apportent un revenu insignifiant. Elles sont aux trois quarts à l'abandon : les oliviers ont brûlé. Seule une vigne est louée. En fait, je ne possède que mon salaire et mes piges de journaliste. C'est confortable et suffisant pour un célibataire, mais ce n'est pas la richesse. Ce que j'économise, je le consacre à cette maison.

Célibataire ? Cela va de soi. On n'imagine pas Michel marié, père de famille comme moi. La question ne se pose pas et je ne l'ai pas posée. Solitaire, vagabond, n'est-il pas incapable de s'installer durablement quelque part, fût-ce à Valle di Paraso ? C'est sa contradiction : peut-être est-il encore plus sensiblement attaché à son île, à son village, à sa maison que je ne le suis moi-même à mon pays, mais il ne saurait demeurer sur place. Il lui faut le vent, toujours le vent. Il est lui-même le vent.

J'ai atteint mon but : il parle, je l'écoute. Il s'est confié un peu, à peine. Il n'ira pas au-delà. Si c'est ce que je veux, il peut continuer à m'entretenir pendant des heures de tuiles et de crépi. Il n'infléchira pas la conversation dans un sens plus intime, plus redoutable, du moins pour l'instant dans l'excès de lumière de ce début d'après-midi. Il ne prononcera pas le nom de Djamila. Pas maintenant. Je n'ai rien à craindre, ou à espérer... si secrètement j'espère ! Mais plus tard, mais ce soir ?

Nous verrons bien ! Pour l'heure, cessons de jouer au jeu du chat et de la souris ! Autant rester silencieux. Ne m'a-t-il pas dit ce matin qu'il aimait le silence de mon pays ? Prenons-le au mot. Je vais lui proposer de monter dans le Risoux, dans la forêt au-delà des rochers qui nous surplombent. Nous y marcherons en silence naturellement, ce qui nous épargnera la peine de chercher quoi se dire sans se parler vraiment.

Nous marchons depuis plusieurs heures. Sous nos pas, le tapis fauve des aiguilles de sapin percé de taches de lumière efface les bruits. Nous avançons dans le silence que j'attendais, plus monacal encore que celui du lac ce matin. Il y a comme une sollicitude à notre égard dans le balancement lent qu'impriment à leurs branches, les hauts arbres qui nous entourent. Ils éventent un air clair et frais qui nous lave à l'intérieur, comme à rebours de la peau ; je nous sens vifs et neufs, apaisés. Nous ne parlons pas, comme je le prévoyais ; à peine avons-nous échangé trois mots en souriant, à la découverte d'un écureuil qui nous narguait d'un regard d'enfant joueur.

Le chemin devant nous épouse la montagne, tantôt la prend de face, tantôt l'enlace, rythmant son plaisir au gré de ses fantaisies, brusque puis paresseux. De temps en temps, il rejette le couvert du bois et nous dévoile une combe qui s'alanguit lentement aux pieds des rudes amonts hérissés de forêts. De temps en temps aussi, je fais halte pour montrer à Michel une vieille borne frontière placée jadis par les gabelous royaux et marquée d'une immense fleur de lys, ou une faille dans le sol, les dangereuses failles du Risoux où tombe parfois une vache égarée ou, plus grave, un promeneur imprudent.

Nous sommes chez moi dans ce pays austère et secrètement sensible. J'ai isolé Michel. Je l'ai coupé du monde, de son monde à lui, démonstratif et chatoyant. Ici, il est étranger. Pour la première fois, il dépend de moi. Même s'il marche devant moi en cet instant, sur ce sentier étroit sans embranchements qui ne nous laisse pas le choix, il ne guide pas nos pas. Le sentier le mène là où je le veux. Pourquoi serait-ce toujours lui qui domine et qui dicte ? Peut-être moi aussi ai-je droit, fût-ce brièvement, de le faire exister sous ma conduite et non l'inverse, comme ce le fut en Algérie.

Encore là-bas, Michel, ta domination m'eut-elle été légère si elle t'avait emprisonné dans ton rôle de maître. Mais, à Constantine, tu m'échappais après m'avoir soumis. Ma jalousie d'élève supportait mal que souvent tu disparaisses, que tu puisses faire autre chose que t'occuper de moi et demeures muet sur ce que tu entreprenais au dehors ou sur qui tu rencontrais. Il y avait autour de toi, à l'extérieur, un curieux réseau d'hommes et de femmes, disparates, à peine entrevus, le plus souvent inconnus, français ou arabes, militaires ou civils, jeunes ou plus vieux. Quels liens vous unissaient ? Je ne l'ai jamais su. Je supposais des affinités d'idées ou d'origine, le goût de la conversation, le sens latin des relations, des loisirs communs, le plaisir de séduire et de briller et probablement, plus obscurs, la politique et parfois le sexe.

Tu m'abandonnais à tes livres, tes journaux et tes disques sans explications, et évidemment, tu n'avais pas à m'en donner. Mais l'élève se croyait en droit de propriété d'un maître lui-même si exclusif. Je ne comprenais pas que puisque tu m'avais conduit à ne plus rien entreprendre sans en référer à toi, tu puisses t'éloigner avec autant de détachement. Je pensais, amer, que tu me jugeais trop sot ou trop inculte pour fréquenter sans gêne ou sans ennui ces gens sans doute plus cultivés que moi ou plus distrayants. Je ne faisais pas partie du cercle et j'en souffrais. Enfermé dans notre chambre école, je me réconfortais vite, il est vrai, en partant en voyage des heures durant avec les auteurs que tu m'avais désignés : Steinbeck d'abord, mais aussi Alexandre Dumas, Balzac, Stendhal, Giono, Faulkner, Hemingway, Tolstoï et tant d'autres, mais curieusement pas Proust qui t'ennuyait, ni Mauriac que tu jugeais morbide, encore moins Sartre dont tu haïssais l'arrogance.

Plus confusément je me rassurais en me disant que tu te refusais à me faire courir les mêmes dangers que toi. Ta liberté d'opinion bravait la doctrine officielle. Tu lisais l'Express et le Monde dont tu cachais les exemplaires sous ton lit, ou plus interdits encore que cette presse réprouvée par l'Armée, introuvables et que tu trouvais quand même, des livres comme « La question » d'Henri Alleg qui dénonçait violemment la torture en Algérie. Tu ne cachais pas que tu jugeais l'indépendance inéluctable.

Au quartier, les appelés du contingent et ceux qu'on appelait par euphémisme les FSNA, Français de souche nord-africaine, c'est-à-dire les Arabes, formaient deux communautés distinctes, juxtaposées, jamais mélangées, qui cohabitaient silencieusement. Toi aux Arabes, tu leur parlais. Comme aux autres : tu parlais à tout le monde. Mais tu étais bien le seul à avoir avec eux des liens ostensibles : je te découvrais engagé le soir dans de longs conciliabules dans le coin d'une chambrée ou échangeant en plein jour, en traversant la cour, des signes de connaissance. Cela surprenait, mais l'escadron avait pour toi les yeux de Chimène : après un haussement d'épaules qui se voulait indifférent, « C'est Acquaviva… » disait-on.

Tu entretenais des liens semblables avec les Pieds-noirs. Tu étais parfois invité chez eux dans les beaux quartiers de Belleville ou du Koudiat. Tu me le disais. Jamais en revanche tu ne m'as avoué que tu prenais le risque insensé de te rendre en secret dans la Kasbah, territoire des rebelles où ne pénétraient que des patrouilles armées jusqu'aux dents. Mais je l'avais deviné par recoupements.

Tu savais tout de moi. De toi, je ne savais rien. Je ne sais toujours rien. Alors voilà ! je te plonge dans mon pays. Je te détache du reste du monde, de ta vie, de tes occupations quotidiennes, peut-être de tes pensées habituelles. Je te rends transparent à défaut de lisible, et te revois devant moi tel que tu étais dans notre chambre du Mansourah. Je ne confonds plus ta nuque avec la nuque brune de Djamila. C'est bien toi, différent, l'autre, toi à qui, dessein impossible, je rêvais de ressembler. Ressembler ? Plus que ressembler : je me sentais si mal dans ma peau, maladroit, mal à l'aise, si malléable que j'aurais voulu tout faire éclater pour devenir comme toi, ton double, être toi.

Toi, ta facilité à communiquer, la confiance qu'on t'accordait spontanément – peut-être à tort, l'emprise que tu exerçais sur les gens, ta séduction à laquelle personne n'échappait : au quartier, tu avais phagocyté le colonel et les capitaines aussi bien que les chauffeurs et les cuisiniers. Comment était-il possible qu'en un seul homme soit concentré un tel pouvoir ? À ton approche, que tu parles ou te taises, marches ou demeures immobile, tous étaient envoûtés. Moi comme les autres. Ton halo m'aveuglait. Je succombais à une admiration sans frein pour ce que je n'ai pas, je suffoquais d'envie. Et de jalousie. Car j'étais jaloux – et je crois bien que je le suis encore – de ton physique trop bien dessiné quand je me voyais bâti comme un homme des bois, lourd bûcheron trapu ; jaloux que tu saches toujours dire ce qui plait, taire ce qu'il faut quand je ne savais user ni de paroles ni de silences ; jaloux que tu brilles d'une intelligence me révélant par contraste plus terne encore que je n'apparaissais.

Pourquoi es-tu toi ? Pourquoi suis-je moi ? Pourquoi ne suis-je pas toi et toi n'es-tu pas moi ? Trop d'injustice dans notre différence – j'aurais voulu, idée absurde, nous trancher invisiblement par le milieu et réunir alternativement nos moitiés d'êtres, tout fusionner pour nous recréer sous un seul et même aspect, le tien. Ne me parlais-tu pas du poète évoquant cette autre moitié d'orange que nous recherchons sans cesse et sans espoir, la vie durant ?

Orange…

Orange qui fut ton premier cadeau, Michel. Orange de notre dernière fête, Djamila…Une fois, oui, nous fûmes une seule et même orange à trois quartiers abrités sous le manteau sans couture de son écorce. Monde rond et clos qui pour quelques heures nous a séparés du temps mortel. Nuit de Noël : à cause du couvre-feu, nous avions décidé de nous enfermer dans le petit entresol du Koudiat où ton ami Marc gardait une chambre qu'il occupait rarement. Elle avait des murs blancs et un lit recouvert d'une couverture bariolée achetée sur un marché arabe. Complice, il me la prêtait quand je rencontrais Djamila.

Marc, cet illuminé aux pieds sur terre, de sa seule initiative et après en avoir convaincu l'autorité militaire, avait créé là, dans cet appartement qui donnait sous les arcades de la rue, et à l'effroi muet des voisins, une cantine pour les yaouleds. Eparpillés parmi la foule, ces enfants parcouraient au long du jour les rues de Constantine, une boîte en bandoulière battant leurs maigres jambes, criant de leur voix aiguë : « Tu cires, sergent ?… Tu cires, lieutenant ?… » Ils s'accroupissaient au pied de l'uniforme, sortant de la caissette en bois cirages et chiffons, et frottaient, frottaient les chaussures avec une ardeur dont on ne savait pas si elle était d'enthousiasme pour le sou à gagner ou d'angoisse face au lendemain incertain. Pour Noël, pour Marc, ils avaient décoré l'appartement de palmes et de feuilles, et accroché partout des oranges. Aucun sapin de Noël ne m'a jamais paru plus émouvant.

Ce soir-là, Marc était ailleurs, invité chez des amis. Djamila m'avait dit : « C'est votre fête, à vous chrétiens. Invitons Michel et restons toute la nuit ensemble puisqu'on ne pourra pas repartir avant le matin. Je préparerai chez moi de quoi manger et je l'apporterai. Nous jouerons aux tarots, nous danserons puisqu'il y a une radio et un tourne-disque. Toi, tu trouveras des disques qui te plaisent et Michel s'occupera des boissons »

Je pourrais facilement raconter ce que nous fîmes : manger, boire, jouer, danser, rire, chanter. Mais impossible d'exprimer ce que nous fûmes : nous étions trois et pourtant nous n'étions qu'un. Une image, intense, me reste : à minuit, un chœur d'enfants chanta sur une radio locale : « Il est né le divin Enfant ! Jouez hautbois, résonnez musettes ! » Nous nous sommes mis à danser les trois ensemble en nous tenant par la taille, en chantant avec les enfants. Djamila qui ne savait pas les paroles, tentait de les deviner sur nos lèvres, se trompait et les estropiait. Nous la corrigions, nous efforçant vainement de lui faire perdre son accent. Nous en riions en tournant d'un côté, de l'autre, en scandant la vieille musique naïve. Nous vivions à l'unisson, nous formions un seul être. De ma vie, ai-je jamais été si pleinement en paix ? La quête sans fin qui ronge mon cœur, la perpétuelle morsure de mes désirs, l'intime malédiction d'être moi, tout avait disparu. J'avais crevé ma peau, je m'étais échappé. Je participais d'une autre existence. Le paradis, la vallée du paradis… *valle di paraso*.

Le jour venu, nous avons ouvert la porte. L'hiver, il neige à Constantine. Il avait neigé pendant la nuit. Sous l'esplanade du Koudiat, d'entre les toits de la ville surgissaient des palmiers aux branches alourdies. Entre les arcades, nous avons contemplé, émerveillés et déjà nostalgiques, l'irréelle alliance du Nord et du Sud, les palmiers sous la neige étincelant dans le soleil naissant.

Je n'ai pas vu venir l'orage plus qu'hier je n'ai entendu venir Michel. Le ciel est déjà couvert quand j'en prends conscience. Michel aurait-il le pouvoir de désorienter mon baromètre interne ? D'habitude je n'ai pas besoin de regarder le ciel. Avant qu'il ne s'assombrisse, je sens l'atmosphère se modifier. Le vent s'épaissit, se met à peser. Il ralentit son souffle, puis carrément le retient. La lumière jaunit. Les branches de sapins s'alanguissent, les oiseaux cessent de chanter. Au premier de ces signes, ma décision est prise : je fuis au plus vite vers le plus proche refuge. L'orage du Risoux est un tueur ganté. Il s'abat sur sa proie sans autres prémices et sans laisser d'issue. Quand surgissent les premiers nuages noirs, il est déjà trop tard. Sournois, ils n'ont pas grondé dans le lointain, ni encrêpé lentement le haut des monts. D'entrée ils foncent et fondent, féroces, sur les cimiers des sapins.

Il est déjà trop tard... Dans quelques secondes, tout craquera de conserve : le premier éclair, le premier coup de tonnerre, le vent fuyard qui hurlera dans les arbres, la pluie qui s'écroulera du ciel comme l'eau d'un réservoir crevé. Trempés, glacés, comme surpris par une crue subite, nous dériverons dans les caillots jaunâtres d'un torrent de terre fondue. Il faudra fuir l'abri mortel des sapins pour gagner je ne sais encore quel autre refuge en courant, autre danger, dans une clarté de soufre. À tout moment, nous risquerons de tomber foudroyés : nous serons dans l'orage, en son centre, en plein cœur.

Michel s'est retourné. J'ai peur. Je le lui dissimule. Du regard, il m'interroge ; je lui crie :

— Courons !

— Tu es fou ! c'est trop dangereux !

— Pas plus que de rester ici ! Plus vite nous serons loin...

D'un coup d'épaule, je tente de forcer la porte de la grange. Elle résiste, je n'insiste pas. Aucune des autres portes, aucun des volets n'a voulu céder non plus. J'avise au-dessus du mur le bardage qui clôt la grange. Bon Dieu ! il y a bien une de ces planches assez usée, assez pourrie pour accepter de rompre ! Je monte sur l'abreuvoir qui longe le mur, du poing frappe le bois. Encore solide mais je l'aurai ! Je saute du bac ; aveuglé par la pluie, les mains gluantes de boue, je cherche à tâtons une grosse pierre. Je la trouve, la soulève. Je la jette dans le bardage. Lancée comme un boulet, elle brise une planche, creuse une ouverture. Je grimpe à nouveau sur l'abreuvoir, saisis à deux mains la plus basse des parties brisées. Je la tire vers moi en pesant de tout mon poids, pieds suspendus dans le vide. La planche cède en grinçant. Je tombe par dessus l'abreuvoir, roule dans l'eau et la boue. J'aperçois brièvement le ciel électriquement blanc. Je me relève.

— Viens Michel ! Vite !

Il est appuyé contre le mur, visage dans la pierre, bras à l'horizontale, corps à plat comme s'il voulait s'y fondre, crucifié à l'envers, comme mort… Je m'inquiète : notre course folle l'a-t-elle à ce point épuisé ?

— Vite Michel !

Je l'empoigne sous les bras, le détache du mur, l'aide à monter sur l'abreuvoir. Je lui montre la brèche.

— Grimpe !

Il agrippe l'étroit rebord dégagé par la planche arrachée. Ses bras sont inertes, il ne parvient pas à se hisser. Je le saisis par la taille, le pousse vers le haut, l'asseois sur mon épaule, le pousse à nouveau. Il s'introduit par le passage, bascule à l'intérieur. Bruit sourd : il est tombé sur un tas de foin. À mon tour, je me hisse et bascule dans la grange. Je me reçois à côté de lui allongé, essoufflé. Où donc est l'increvable nageur du matin ? Maintenant que nous sommes hors de danger, je suis tenté de me moquer de lui. Mais je ne sais pourquoi, je n'en fais rien.

Nous sommes à l'abri mais pas encore assez à mon gré. Y a-t-il une porte intérieure entre cette grange et l'habitation ? Je tâte le mur dans la demi obscurité : il y a une porte. Verrouillée elle aussi, mais plus légère que les portes extérieures : elle ne résiste pas à mon coup d'épaule.

— Viens Michel !

Il ne bouge pas. Peut-être ne m'a-t-il pas entendu ? Se serait-il endormi ? Peu importe ! il me rejoindra plus tard. J'enfile un couloir au bout duquel une autre porte, entrouverte, laisse filtrer, atténuée, la verte lueur des éclairs. Je la pousse, devine que j'entre dans la cuisine à la dureté froide du sol dallé de pierres grossières, inégales sous mes pieds, et à la masse confuse d'une cheminée. Je fouille difficilement dans les poches de mon jean mouillé qui me colle à la peau, en extirpe mon briquet. Par miracle il n'est pas noyé. Après quelques essais, la flamme fuse, me brûle les doigts. La cuisine que je pensais découvrir vide, est sommairement meublée. La ferme de la Maltournée servait naguère de chalet d'alpage, l'été. Je la croyais abandonnée. Quelqu'un y vient. Peut-être un fou des villes l'a-t-il louée ou achetée. Il s'en lassera vite ; nous sommes à l'endroit le plus sinistre et le plus dangereux du Risoux. Pour l'heure, ce fou nous rend service. Nous avons forcé son hospitalité – cas de force majeure. Je pense qu'il me faudra lui réparer sa grange.

J'aperçois une lampe à pétrole sur une table flanquée de deux bancs. Je l'examine. Elle devrait fonctionner. J'approche le briquet de la mèche. La lumière douce et jaune me réconforte. Près de la cheminée, il y a des brindilles et des bûches. Je prépare un feu. Je l'allume. L'onde de chaleur m'enveloppe le visage, les mains, repousse derrière moi l'obscurité glacée, crée un nodule de lumière et de vie où je me réfugie. J'ôte mes chaussures, ma chemise, mon jean. Je saute énergiquement d'un pied sur l'autre en tourbillonnant face pile, pile face devant la cheminée, alternance qui moitié me brûle, moitié me glace ; je me bats le corps des bras pour m'arracher plus vite au froid.

Michel ?

Michel ne m'a pas rejoint… J'empoigne la lampe, quitte le cercle tiède, m'enfonce frissonnant dans le couloir. Il est assis dans le foin.

— Michel, lève-toi !

Il reste immobile, ne répond pas. Je m'alarme et cela m'agace. Je pose la lampe au sol. Je l'attrape aux épaules, le relève durement.

— Michel, secoue-toi !

Il pèse sur mes bras lourdement, sac de son retiré d'une fontaine. Je l'entraîne vers la cuisine, une boule d'angoisse dans la gorge. Que lui arrive-t-il ? Sa tête a basculé sur mon épaule, ses cheveux me collent au cou. Son corps me glace plus que l'air glacé du couloir. Son contact crée la sensation lisse et molle, répulsive, d'un poisson mort ramassé à la surface de l'eau. Je l'asseois doucement sur l'un des bancs que j'ai poussé du pied devant le feu. Dès que je le lâche, il s'y affaisse, buste ployé en avant, mais il n'est pas inanimé, évanoui : ses yeux fixent le feu, sa respiration soulève lentement ses épaules. Il ne dit pas un mot.

Y a-t-il du linge, des draps, quelque chose de sec dans cette maison ? Je pars reprendre la lampe dans la grange, ouvre les portes, explore les pièces de l'habitation. Au fond d'un placard, je découvre une pile de couvertures, les apporte à la cuisine. Il n'a pas changé de position. Je pose les couvertures, me penche vers lui.

— Michel, dis quelque chose, fais quelque chose, Bon Dieu !

Rien. Il ne me regarde même pas.

— À quoi joues-tu ? Réveille-toi !

Rien. Il ruisselle : de ses cheveux en mèches coulent de fines rigoles sur son front, son nez, son cou. Ses vêtements paraissent sortis d'une laverie sans avoir été essorés. Sur le sol, une flaque d'eau cerne ses chaussures. Le visage blanc, le regard vide, il est laid, pathétique comme un clown triste, un fou, un naufragé…

Je le secoue.

— Michel !

Toujours rien. J'entreprends de lui enlever sa chemise. Il ne fait aucun geste pour m'y aider, je peine à la lui retirer. Je me résous à faire l'infirmier jusqu'au bout, achève de le déshabiller. Excédé, je l'invective :

— Crétin ! Imbécile ! Bouge-toi ! remue-toi ! tu ne vas pas en crever tout de même !

Je le bouscule à nouveau. Rien à faire. J'abandonne. La colère me quitte. Je m'écarte un peu, je le regarde : Qui est celui qui est devant moi ? Qui est cet inconnu au corps pâle, tassé, épuisé ? Où est passé Michel ? Où a disparu le danseur de la prairie, le nageur du lac ? Ce misérable, ce pantin aux ficelles distendues, cet être pitoyable, ce n'est pas Michel ? Ce ne peut être lui ? C'est lui pourtant.

Je prends une couverture, la déplie, la pose sur ses épaules. Fermement je le contrains à se lever. Il porte à peine sur ses jambes. De peur qu'il ne tombe, je le soutiens d'un bras ; de l'autre, je referme sur lui les plis de la couverture. M'en servant comme d'un linge, je le frictionne vigoureusement. Il faut qu'il se réchauffe, se redresse, que revienne le sang sous sa peau. Il se laisse faire comme un enfant, et je me sens soudain paternel, précautionneux. Tout à l'heure, je criais, maintenant, je murmure :

— Ça va… ça va… ça va aller mieux… Respire… Tu vas avoir chaud… très chaud… C'est fini… tout va bien… tout va bien…

Je m'étonne du corps vulnérable, fragile sous son armure de muscles que je découvre sous mes doigts.

J'en ressens comme une déception à laquelle je voudrais résister. La couverture m'échappe, alourdie d'eau tombe à terre. Il frissonne figé, la tête repliée entre les épaules. Je refuse de le voir comme je le vois : je cherche obstinément en suivant les lignes du corps, à recréer sous mon regard la statue brune triomphante dans la lumière, sortant du lac ce matin ou, hier, dressée au haut des marches de Sidi M'Cid, dominant sans effort et sans menace. Impossible. Il me faut accepter cet autre homme qui est pourtant le même, faible, éteint. Et le prendre en charge… N'était-ce pas mon souhait avant l'orage ? Ne suis-je pas exaucé ? Lui est devenu moi et moi devenu lui… Imprévisible. Ce n'est pas ainsi que je l'entendais, ni que je l'attendais. Et je ne l'accepte pas.

Je repousse du pied la couverture mouillée. D'une sèche prise dans la pile, je le recouvre. Surprise : il marche. Il s'assied de lui-même. Toujours en silence.

Je me tais aussi. Un temps passe. Je m'aperçois que je suis presque nu, que j'ai froid. À mon tour je m'enroule dans une couverture. L'orage tourne, tourne refusant de s'éloigner. Il ne cessera de tourner de la nuit qui va tomber. Sans doute sommes-nous enfermés ici jusqu'au matin. Je tire le deuxième banc devant le feu et j'y mets à sécher nos vêtements puis, désœuvré, je vais à la fenêtre. Vainement je tente de percer l'obscurité à travers l'interstice étroit des volets. Le feu dans la cheminée, la lampe sur la table ont créé assez de clarté pour atténuer la lueur crue des éclairs. Je demeure là tournant le dos à la pièce, à lui que je ne veux plus voir, écoutant le ciel se fendre sous la foudre.

Combien de temps suis-je ainsi resté ? Longtemps. Peut-être me suis-je endormi debout comme un cheval. Je pense ou plutôt je rêve. Pas un cauchemar. Un rêve triste. Je suis à nouveau dans l'appartement du Koudiat avec Michel et Djamila. C'est la fin de la nuit de Noël. Nous ne dansons plus. Assis un peu las, chacun dans son coin, silencieux, nous voici déjà séparés et cependant enfermés ensemble, comme ici Michel et moi. Il est interdit de sortir. Un mur nous sépare du monde, nous en protège car c'est un monde dangereux, menaçant, peut-être mortel. Les palmiers ont quitté leur emplacement au-dessous de l'esplanade. Ils se dessinent sur le mur, sur les visages de Michel et de Djamila, comme au cinéma quand les images se superposent. Le jour qui naît blafard – ou bien est-ce la couleur du mur ? – commence à se confondre avec la neige qui alourdit les palmes. Puis tout se fond et bientôt il n'y a plus sous mes yeux qu'une confusion blanche…

Je reviens à moi lentement comme au réveil. Je me retourne et je la vois. Mes lèvres épellent son nom, l'appellent sans voix : Djamila !

Elle est assise de profil, pâle et tragique. Elle vient de m'apprendre la mort d'un parent tué dans les Aurès par les paras français. En signe de soumission à son peuple, de rébellion contre le mien, en signe de deuil, elle est venue pour la première et seule fois, habillée comme les femmes de son pays. La porte refermée, elle a enlevé le haïk humide de larmes qui cachait son visage, mais elle a gardé le grand voile sombre qui lui couvre la tête et lui enveloppe le corps.

Je l'appelle à nouveau et, cette fois, à haute voix :

— Djamila !

— Tais-toi !

Michel s'est levé. La couverture a glissé de sa tête sur ses épaules. Il la resserre autour de lui. Son regard me vrille, douloureux.

— David, tais-toi ! Pas son nom ! Pas son nom ! Jamais !

Ma vue se brouille. Je ne comprends pas. Sauf qu'à nouveau, j'ai été victime de la ressemblance. La colère bouillonne. Je me tais ; c'est toujours mon premier mouvement. Mais le silence est trop lourd. Il m'accable. La colère m'étouffe. Je me révolte.

— Pourquoi ? Explique-toi !

Il ne répond pas. Je crie plus fort :

— Explique-toi !

Sa voix tremble, cassée :

— Une putain ! C'était une putain !

Je me jette sur lui. Il me repousse. Je vacille. Mon dos cogne le montant de la cheminée. Je crie de douleur. Je me redresse. Les couvertures ont glissé à terre. Je le frappe. Son corps est redevenu dur et résistant, brun. Je le sens sous mes poings, je le vois. Nous tombons. La pierre m'étourdit, m'écorche. Nous roulons sur les dalles. Je me rétablis, le saisis, l'immobilise dos au sol, bloquant ses épaules et ses bras. Il a retrouvé des forces, mais pas toutes ses forces. Je le maintiens sur place, pèse sur lui de tout mon poids. Pour la première fois je le domine. Je le tiens en mon pouvoir. Je ne lui permets pas un geste. Il tente de m'échapper de tout l'effort de son corps tendu, mais il n'y parvient pas. En moi frémit une joie noire, sauvage : je le hais… je le hais… il est en ma possession… je peux l'écraser si je le veux…je peux le tuer… peut-être que je vais le tuer…

Il comprend que son combat est vain : il abandonne, relâche ses muscles, se laisse aller sur le sol, pantin désarticulé à nouveau.

Nos regards se croisent : il n'y a pas de ressentiment dans le sien, aucune dureté, même pas d'angoisse. Seulement une tristesse, une souffrance qui n'a rien à voir, je le ressens, avec les coups que je viens de lui porter.

J'ai honte. Je desserre l'étreinte. Je me relève. J'ai mal partout, mais j'ai mal surtout dedans. Je vais à l'évier de pierre sous la fenêtre ; je tire l'eau à la pompe en fonte. L'eau glacée brûle ma peau tuméfiée… j'ai chaud et j'ai froid… je grelotte et j'étouffe… Le ciel, l'orage, la forêt, le monde, la maison elle-même de tous ses murs, font bloc, pèsent, s'écroulent, coulent sur moi à la fois glace et lave. Je gagne le banc, je tâte mes vêtements : la boue a commencé de durcir ; ils sont humides comme une lessive qu'on s'apprête à pendre au séchoir. Néanmoins je me rhabille. À chaque mouvement, ils irritent ma peau blessée. Je n'ai plus que froid, très froid. J'ai mal plus encore qu'auparavant. Impossible de partir, insupportable de rester. J'ai envie de hurler. Je me tais.

Lui aussi s'est lavé et habillé. Il a repris sa place devant la cheminée. Je m'emballe dans une couverture sèche et m'enfonce au plus sombre de la pièce, au fond, là où la lueur du feu ne parvient plus qu'à peine.

Une *putain*…

Le mot martèle mes tempes, me déchire à l'intérieur. Quelque chose se meurt en moi avec des soubresauts. Je comprends que la résistance est inutile. Je résiste quand même. Je sais que je vis une agonie et ne l'accepte pas. Qui est-ce qui meurt ? Djamila ou Michel ? ou moi ? ou les trois ?

Une… non ! pas toi !

Comment a-t-il pu prononcer ce mot infâme ? Lui ? lui… c'est lui qui meurt à cet instant… à mes yeux, il est déjà mort… il n'est plus lui et il n'est même pas un autre… il n'est rien, il n'est plus rien.

Il faut que je te défende, Djamila… Djamila, il faut que je te sauve, que je préserve en moi ton image, tu ne peux pas être… Comment a-t-il osé ? J'oublierai ce mot en l'oubliant, *lui*, l'effacerai en l'effaçant, *lui*, de ma mémoire. J'exterminerai son souvenir, l'enterrerai au plus loin, au-delà des limites de ma conscience. Oui, je le ferai… mais que deviendras-tu Djamila ? que restera-t-il de toi s'il ne reste rien de lui ? n'iras-tu pas dormir dans un méandre obscur de mon cerveau ? n'y dors-tu pas déjà ? Suis-je déjà, sous le choc d'un mot, devenu amnésique de notre propre souvenir, Djamila ?

— David, j'ai dit ce qu'il ne fallait pas dire, jamais dire. Je ne l'ai pas voulu, crois-moi. Le mot m'a échappé. Je ne me suis pas assez méfié. Malheureusement c'est fait et je n'y peux plus rien. Toi non plus. Je savais pourtant bien que tu parlerais d'elle. C'était inévitable. Je m'y étais préparé. Je m'étais dit que quand tu le ferais, je demeurerais calme, sans émotion apparente. Je ne dirais rien, je ne montrerais rien qui puisse te surprendre. J'irais dans ton sens, juste ce qu'il faut sans trahir ma pensée… du moins pas trop. Hélas ! c'est moi qui me suis laissé surprendre. Je m'attendais à… Pourquoi pas hier soir, après le dîner ou ce matin, sur le rivage du lac ? ou bien tout à l'heure dans la forêt ? Pourquoi ici au pire moment ? je veux dire : le moins prévisible. Nous avons froid, nous sommes éreintés, silencieux. Brusquement tu l'appelles… À croire qu'elle est dans la pièce, assise à ma place ! J'en suis si frappé qu'instinctivement je réponds ce que j'ai répondu. J'ai été poussé hors de mes retranchements sans avoir le temps de peser mes mots, le millième de temps qu'il m'aurait fallu pour les retenir. Pour *le* retenir. Et maintenant je l'ai dit le mot, et je ne peux le reprendre ce mot que j'étouffais, que depuis dix ans j'étouffe ! Oserais-je m'avouer, t'avouer, que j'en suis soulagé ! Lâchement ! À Constantine, dès le premier instant il y a eu méprise. Dès que je l'ai compris, j'ai voulu te le révéler. Mais il était trop tard et je ne l'ai pas fait. Je ne maîtrisais plus ce que j'avais volontairement créé. Tout m'échappait : toi, elle. Vous. Tu ne comprends pas, je le sens… Hélas ! tu vas comprendre : je suis obligé maintenant de révéler le mal que j'ai causé. Tout est ma faute. Ma faute…

Il me faut parler. Je le redoute, mais il le faut. Les mots sont difficiles à trouver, mais y a-t-il à les chercher ? Je ne peux pas les choisir : ils sont ce qu'ils sont. Aussi je vais les dire comme ils sont, même s'ils m'arrachent la langue et te déchirent le cœur. Mais toi, je t'en prie, tais-toi jusqu'au bout. Ne fais rien, ne dis rien, attends la fin. Quoi que tu penses, que tu ressentes, attends la fin. Tu es assez fort désormais pour tout entendre. Ensuite si tu le veux, tu parleras (mais le voudras-tu…?)

Oui… elle a été ce que j'ai dit. À un prix que tu n'imagines pas. Très cher. Trop cher. Je ne parle pas d'argent. Ce ne fut jamais pour l'argent. Je ne parle pas non plus de bijoux ou autres cadeaux. On lui en offrait, parfois de fort coûteux, qu'elle ne refusait pas. Toute femme… Bref, son prix était d'un autre poids. Le pire : le poids du sang. Elle le faisait payer aux hommes du S.A.S, à d'autres, à tous, en renseignements pour les fellaghas. Quelques uns peut-être complices, la plupart inconscients ne voyaient en elle qu'un jeu entre eux, un jeu imbécile et dégradant, et qui s'est révélé criminel. C'était à celui, croyaient-ils, qui la prendrait à l'autre. Et si l'autre était officier, celui qui l'emportait, emportait la quinte flush. Jeu royal, disaient-ils. Royaux crétins ! Je dois l'avouer : si insoutenable, si honteux que cela soit, j'ai joué à ce jeu, moi Acquaviva. Moi aussi, j'ai été son amant. Je l'avais rencontrée chez Marc au Koudiat. Et je l'ai prise à Marc, et à tous les autres, aux officiers comme aux sans grades. Que cherchais-je à prouver ? Ce que je cherche toujours, que j'obtiens presque toujours et qui ne prouve rien : la suprématie sur tous pour tout et n'importe quoi. Minable que j'ai été... ! Marc était complaisant, bonasse, généreux en toutes choses y compris dans les pires. Il s'amusait de ma victoire et me prêtait sa chambre, comme à toi plus tard.

Dès qu'elle me connut, elle ne fut plus qu'à moi. Du moins pour le plaisir. Les autres lui étaient devenus un devoir imposé. Elle ne pouvait s'y soustraire : la rébellion veillait. Amère consolation, je ne fus jamais sa proie. Pas un seul attentat, pas une attaque de convoi, pas un accrochage dont je puisse être la source pour avoir trop parlé. Je n'en suis pas moins coupable, plus coupable que tous les autres car dès que j'ai compris, j'aurais dû faire mon devoir, faire ce qu'il fallait pour l'empêcher de nuire. Oh ! elle n'était qu'un bien léger maillon dans un très lourd réseau. À sa décharge, disons qu'elle était prisonnière des siens. N'eut été la guerre, on n'aurait vu en elle qu'une belle fille volage se soûlant de plaisir. Pas de crime à cela !

Elle me disait que j'étais beau, plus que les autres, que je faisais bien l'amour, mieux que les autres. Mais elle ne se grisait pas au point d'oublier ses questions. Des questions banales sur des faits banals. En apparence. « Comment vivez-vous à la caserne ?... qu'y fais-tu ?... avec qui ?... vas-tu parfois en mission ? » Elle avançait rarement au-delà. L'homme quotidiennement soumis aux rigueurs du silence, s'en libérait sans méfiance, sans s'en apercevoir. Enfin quelqu'un qui lui parlait de lui ! Elle, il lui suffisait d'écouter et sans avoir l'air d'y toucher, de s'étonner doucement : « Comment donc ?... pourquoi cela ?... où, as-tu dit ?... quand irez-vous ?... si c'est vendredi prochain, nous ne pourrons pas nous voir comme d'habitude… » Elle était fort habile, mais pas assez pour moi. J'ai éventé son jeu aux premières questions et lui ai répondu n'importe quoi, travestissant gens, dates et lieux. Puis je m'en suis lassé, me suis mis en colère.

« Cesse ton interrogatoire, Miss Gestapo ! Arrête ton manège ! Me prends-tu pour un idiot, comme les autres ? Crois-tu que je n'ai pas deviné à qui tu rends compte ? Tu n'obtiendras rien de moi et tu n'en as rien obtenu. Il n'y a jamais eu un mot de vrai dans tout ce que je t'ai raconté. Aussi je te conseille de ne pas perdre ton temps. Fais ça avec les autres s'ils sont assez cons pour tomber dans ton piège ! Tu peux me quitter si tu ne viens que pour ça ! Je ne te retiendrai pas ! »

Furieuse, elle m'a giflé. J'ai ri, l'ai renversée sur le lit et de force… Jamais elle ne prit avec moi un plaisir plus violent. Elle partit courroucée, revint le lendemain.

Délivrée de toute équivoque, notre liaison culmina. Franchise ou cynisme, nous savions désormais ce que l'un voulait de l'autre, contrat bien rédigé et rempli sans ratures. Nous ne nous aimions pas au sens ordinaire qu'on donne à cela. Quand l'aveuglement est absent, peut-on parler d'amour ? Ensemble nous nous abandonnions, libérés à présent de nos arrière-pensées. Nous faisions l'amour comme l'on mange ou l'on boit, comme l'on se chauffe au soleil. Nous le faisions gaiement, presque fraternellement, riant de notre ressemblance, cette parenté physique qui surprenait chacun. Elle me disait : « Tu es le miroir où je me vois en homme » et, bien sûr, je lui répondais : « Tu es le miroir où je me vois en femme ».

Le temps aurait pu s'écouler ainsi en jeux d'amour sans conséquences, jusqu'à leur fin qui nous était connue avec une précision tranchante : l'heure de la quille, ma démobilisation, mon retour en métropole. Nous savions que nous nous séparerions sans larmes, sans effusions sentimentales, en cachant notre émotion. On est toujours émus quand on se sépare, même dans une liaison presque uniquement charnelle, sachant qu'on ne se reverra pas, jamais, qu'on n'en a pas l'intention. Je n'avais déjà aucun goût pour le mariage, et entre nous il n'en aurait jamais été question : il existait un fossé que nous n'avions ni l'un ni l'autre envie de combler : elle était algérienne, j'étais français ; la guerre, les communautés qui s'opposaient, les habitudes de vie, la religion (eh ! oui, même dans le stupre, on garde sa religion !), tout nous divisait. À vrai dire, cela nous importait peu. Nous n'en parlions jamais, nous ne jouions pas Roméo et Juliette. Nous formions un couple aux tendresses égoïstes, né d'une rencontre de fortune, inachevé, sans lendemain. Nous l'acceptions ainsi, ne le voulions pas autrement. Il aurait pu se dissoudre sans regret ni amertume, sans drame…

Mais tu es venu. Tout a changé.

Quand je t'ai aperçu dans la cour du quartier au sein du troupeau des recrues épuisées, malgré ta propre fatigue tu rayonnais par contraste d'une force à la fois eau et feu, limpide et intense, source de fraîcheur comme le lac ce matin, de chaleur comme ce feu devant nous. Au cours de notre vie, nous rencontrons quelquefois, au moins une fois, quelqu'un qui par sa seule présence, son aspect, son visage, son regard, apaise et fortifie. Il n'est pas besoin qu'il ait ouvert la bouche, nous ait adressé la parole. Il émane de lui silencieusement un bienfait, une grâce mystérieuse, inexplicable, douce et puissante à la fois qui nous envahit de sa sérénité. Il l'a reçue en partage, n'en possède pas le mérite, la transmet à l'insu. Tu étais ce quelqu'un. Tu n'en avais pas conscience. Moi si : un feu me réchauffait sans me brûler, réduisait les poids écrasant ma poitrine, desserrait les griffes qui l'étreignaient. Comme une eau – va comprendre ! – il étanchait mes soifs ; comme du pain, il me nourrissait. Comment n'aurais-je voulu m'approprier la source d'un tel pouvoir ?

Il faut savoir aussi, autre secret, ce que j'ai toujours caché à tous, à toi comme aux autres, plus qu'aux autres peut-être... Mon apparence, mon assurance séduisent. Ce ne sont qu'une peau ! une peau dont j'ai fait une arme. Je brille pour dominer. Je dois tout dominer, toujours dominer. Pourquoi ? Parce qu'à l'origine, un peu comme toi, bien plus que toi, je n'étais à l'intérieur que peur, étreint par une perpétuelle crainte des autres, différent, inférieur, indigne de leur attention. Coupable. J'étais toujours coupable... Cela durait depuis l'enfance, né avec moi ou de circonstances qu'il serait trop long de t'expliquer – et je n'en ai pas le goût. Mon orgueil ne l'acceptait pas, ma rage de vivre non plus face à cette souffrance de chaque instant qui me détruisait à petit feu.

Tant de peine et d'humiliation ont fait germer en moi le besoin de changer (ou de donner le change) qui s'est développé jusqu'à devenir un chêne immense. Je me suis corrigé. Et d'un excès quand on le corrige, on passe à l'excès inverse : je suis devenu en apparence le contraire de ce que j'étais, me façonnant une image à l'opposé de celle que j'avais de moi-même, recherchant obstinément à prendre pouvoir sur autrui pour effacer ce qui, en mon for intérieur, me le faisait subir ; pouvoir qui me protége contre tout et d'abord contre moi-même, et qui parfois détruit... C'est le secret de ma nature, de ma vie, la source de mon malheur, du mal que j'ai fait.

N'oublie pas cela que je ne contrôlais pas, non pour m'absoudre, seulement pour comprendre : j'ai été l'enfant qui veut tout posséder pour cesser d'être faible, cesser d'être en faute, et pour se rassurer.

Un enfant qui en te trouvant, trouvait une bille d'agate, de celles transparentes et diaprées qu'on échange contre dix billes de terre. Il la découvre au printemps oubliée dans la cour de l'école, sous les graviers, ternie, maculée par les pluies. Emerveillé, il s'en saisit avidement, guette aux quatre coins anxieux d'être surpris. Il la serre dans sa main, petit rapace emportant une noix. Réfugié en secret au fond noir d'un grenier, il contemple son trésor. Il mouille un doigt de sa salive, frotte l'objet, le nettoie, l'essuie, le polit du coin de son mouchoir jusqu'à ce qu'il resplendisse. Le garde pour lui. Le cache.

C'est ce que l'enfant que j'étais, a fait de toi l'agate. J'ai commencé de te le dire ce matin, au bord du lac. Il y avait en toi, en deçà de ce qui en émanait, quelque chose d'inachevé, de gauchi, dans la mauvaise part de ton silence quelque chose de ma propre peur. J'ai voulu terminer, redresser, corriger – peut-être créer, j'étais un peu artiste…

Je me suis emparé de toi. Il m'a suffi de dire au moment opportun au capitaine Di Orio : « Il y a un poste à pourvoir au Bureau des Transports et une place disponible dans ma chambre ». Alors que le colonel t'interrogeait, il a inscrit, indifférent, ton nom sur son registre là où je le proposais. À ton arrivée dans ma chambre, je t'ai donné une orange et conseillé de te coucher. Pendant que tu dormais, je suis demeuré assis sur mon lit, un livre à la main mais trop distrait pour lire. Je te scrutais dans ton sommeil, tentant de déceler sur ton visage aux yeux clos qui tu étais en vérité. Ton regard effacé, je ne voyais qu'un garçon comme les autres croisés chaque jour dans la cour de la caserne. Quel fantasme, quel coup de lune avaient-ils pu me saisir pour renoncer sans la moindre réflexion à mes commodités ? J'avais commis des bassesses pour disposer seul de cette chambre, afin qu'à chaque relève du contingent, on n'y affecte pas un autre sous-off avec lequel je sois obligé de cohabiter. J'y avais mes aises, la liberté d'y faire ce que je voulais, celle d'allumer la lumière à minuit ou d'ouvrir la radio sur le poste de mon choix ou d'étaler mes toiles et mes pinceaux. Voilà que sur une impulsion, je me privais de cette liberté ! Le méritais-tu ? L'éclair qui m'avait traversé aurait-il un effet durable ou n'était-il que le trait fugace d'une illusion ? J'étais partagé entre un sentiment de colère contre moi-même et la curiosité de savoir ce qui adviendrait quand tu ouvrirais les yeux.

Je fus rassuré : à ton réveil, l'agate rayonna à nouveau.

Je retrouvai l'apaisement que j'avais éprouvé. Il ne me quittait plus en ta présence. Je me disais que de toi émanait un fluide, étrange don de la nature, comme chez les magnétiseurs ou les sourciers. Pour le conserver et l'entretenir, te garder à moi comme on garde un objet précieux ou indispensable, j'ai décidé d'obtenir ta soumission. C'est d'une insupportable prétention de le dire, mais c'est objectivement une réalité : je séduis qui je veux. Ou presque… Avec toi, je n'ai pas eu de peine. Tu étais en désarroi, prêt à saisir la première main tendue. Il m'a été facile de te mener à ce que je voulais : acquérir les capacités et les défenses qui te faisaient défaut. Sans elles, ce don de nature me paraissait vulnérable ; il risquait de périr dans le bordel algérien. Encore y survivrait-il qu'il n'était pas sauvé pour la suite. Le pire était à venir : les inévitables agressions d'autrui, les échecs, le découragement, l'usure des ans, le goutte à goutte du quotidien, le désenchantement…

Pour résister à cela, me disais-je, il faut être d'acier trempé : j'ai voulu faire de toi-même une arme contre la monotonie et les atteintes de la vie, un outil pour la maîtrise des gens et des évènements. J'ai voulu te donner confiance en toi en t'enseignant la culture et l'aisance qui permettent de parler d'égal à égal avec quiconque.

Tu t'es montré un élève ouvert et docile.

Tu n'avais jamais lu sauf des bandes dessinées ; je t'ai appris à lire pour t'apprendre à t'exprimer, et t'ai donné la passion des livres. Nous avions le temps et rien d'autre pour le remplir. Même pas un terrain de foot ! J'y ai mêlé la musique, avec beaucoup d'ambition : Dalida chantait de sa voix roulante ce que nous appelions l'air de Mustapha : « Chérie, je t'aime, chérie, je t'adore… », que relayaient à longueur de jour, d'un bâtiment à l'autre, d'une chambrée à l'autre, tous les transistors du quartier. Je t'ai révélé Mozart, et à travers lui l'opéra.

Je t'ai ouvert aux arts avec beaucoup d'audace : la seule esthétique qu'il nous était donné de contempler était le corps de Brigitte Bardot, érotique et parfait, et parfaitement vulgaire tel qu'il était filmé, conjugué sous toutes ses formes sur les calendriers et les photos de magazine, des chambrées aux bureaux, des postes de garde aux cabines des camions. J'ai osé te montrer des reproductions des Vénus antiques, de Mona Lisa, du buste berlinois de Néfertiti, puis des femmes de Delacroix, d'Ingres, de Renoir, de Modigliani…

J'ai modifié ainsi, et renforcé, ton esprit, l'oreille et le regard que tu portais sur autrui, sur le monde, sur la vie. Je t'ai appris aussi… mais j'en ai assez dit ! Inutile d'allonger.

Je prenais de toi un soin jaloux. Je faisais barrage contre notre entourage quand je le jugeais néfaste à mon entreprise. Je te détournais sans l'avouer de la cantine et des bars où nos semblables s'abreuvaient de bière pour fuir l'ennui et guérir leur déprime. J'écartais soigneusement toute influence qui n'était pas la mienne.

Dans le Train à Constantine, nous étions des planqués. Toi, les hasards du sort t'y avaient conduit. Moi, le piston. Pour me préserver, mon grand-père avait fait jouer les ressorts du clan. Il avait écrit au colonel avant même mon incorporation, pour lui demander de me faire affecter dans son arme, puis dans son escadron. Tu l'as connu comme moi : Feracci était une brute intraitable et féroce, mais corse ! Dans mon enfance, j'avais vu son père, vieux berger du Niolo autorisé à faire paître son troupeau l'hiver sous nos oliviers, tenter de baiser la main de mon grand-père qui le repoussait doucement. Le colonel m'avait installé à l'état-major de l'escadron et toi, je t'avais fait affecter au Bureau des Transports. Nous n'avions rien à craindre ou le moins possible. Nous ne devions pas faire partie de cette cohorte sacrifiée de notre génération pour partie tuée au combat, pour le reste névrosée à vie par ce qu'elle a vu et subi. Nous n'aurons pas découvert les cadavres de nos camarades éventrés, la bite et les couilles coupées enfoncées dans la bouche, ni fait la corvée de bois, autrement dit exécuté à la mitraillette les prisonniers fells après les avoir torturés à la gégène, leur avoir flanqué du courant électrique dans les couilles, encore les couilles !

Cette sécurité ne me suffisait pas. Je m'arrangeais pour t'éviter la garde, les convois hors la ville, les missions hasardeuses vers les postes isolés. Un jour pourtant, sans doute par rébellion contre ma tyrannie, tu as accepté à mon insu de remplacer un margis malade dans un convoi de munitions pour Sakiet Sidi Youssef. Double danger : rien n'était plus risqué, évidemment, que le transport des munitions, et le fortin de Sakiet sur la frontière tunisienne était le poste le plus exposé du Constantinois. Chaque nuit, les fellaghas réfugiés en Tunisie, surarmés et intouchables, le pilonnaient au bazooka. Tu es parti trois jours. La nuit que tu as passée dans le fort, un soldat qui traversait la cour a été décapité sous tes yeux. Il aurait pu être toi. Horrifié du spectacle mais ravi malgré cela de t'être échappé, tu me l'as raconté au retour, un peu pervers, David… J'avais vécu trois jours rongé d'angoisse et d'impuissance, craignant pour toi comme un père, comme une mère. Tu le savais, j'ose dire même que tu le savourais ! car je ne le cachais pas. Je t'ai fait la gueule pendant une semaine, ce qui loin de te contrarier, augmentait ta satisfaction. Sans doute découvrais-tu que tu pouvais à ton tour avoir barre sur moi.

J'ai vite mis fin à ces tentatives d'émancipation. J'ai doublé ma vigilance. Je régnais en maître invisible à notre état-major. J'établissais les listes des missions, y inscrivais qui je voulais, facilitais les permissions, rédigeais les notes du colonel qui ne savait pas écrire aisément, corrigeais celles des officiers qui ne le savaient pas mieux, disposais librement d'une jeep et de son chauffeur soit disant pour assurer la liaison avec le

Quartier Général, en réalité pour mon seul bon plaisir ou presque, sortais en civil, circulais partout... Inutile de poursuivre, tu te souviens de tout cela. À mes liens avec le colonel, j'avais donné la coloration nécessaire pour que les deux commandants, les quatre capitaines, les lieutenants, les adjudants me créditent d'une influence, donc d'une capacité de nuire, en fait inexistante dont j'entretenais savamment la légende. Ainsi me craignaient-ils assez pour tolérer sans bruit ma liberté de conduite et m'accorder ce que je demandais. Tout était dans la manière de demander : Latin dans l'âme, j'étais assez roué pour dissimuler mes mépris sous un masque d'amabilité, pour éviter les attitudes arrogantes.

Oui, je t'avais placé sous haute surveillance. Je crois m'être montré assez habile pour que personne ne le décèle ou que ce soit jugé sans importance. Je m'efforçais de te faire apparaître à tous incolore, inodore, parfait passe muraille. J'y parvenais. J'avais pris sur toi une si forte emprise que tu acceptais volontiers ce que j'exigeais de toi. Tu y découvrais une marque de considération – tu existais. Tu y trouvais un intérêt pour acquérir des connaissances – tu grandissais. Tu n'étais pas seul : quelqu'un s'occupait de toi. Je crois aussi que tu m'admirais, j'étais devenu pour toi un modèle, tu travaillais à me ressembler. Il me suffisait d'entretenir cet état, cette disposition d'esprit. Sans difficulté : tu parlais peu, donc tu te liais peu, et je te cloîtrais dans notre chambre avec un vrai programme d'étude.

Je te gardais des autres, je te gardais pour moi. Ce don d'apaisement que tu ne soupçonnais pas et que j'avais capté, je le voulais pour moi seul tant je craignais que l'extérieur, les autres l'altèrent. Je te l'ai dit : ce don était devenu pour moi comme un besoin vital ; rien ne devait l'atteindre, le blesser, l'amoindrir – pire, l'anéantir.

J'évitais de penser qu'un jour, nous nous éloignerions. À la fin du service, tu retournerais à Chapelle d'Amont. Je m'en irais, moi, n'importe où de par le monde. Je savais déjà que Valle di Paraso serait seulement un port d'attache, le pays des retours, du repos après les tempêtes et peut-être les naufrages. Je ne te verrais plus ou si peu ; je ne t'aurais plus jamais auprès de moi, en ma possession comme un viatique qu'on porte autour du cou. Je me réconfortais en me disant que le viatique existerait néanmoins, au loin, invisible mais présent, immuable en un point du monde comme le Mont Blanc ou l'Himalaya. Il me suffirait d'y penser pour en ressentir à nouveau le fluide bénéfique. Peu importerait la distance tant que tu vivrais ainsi tel que je t'avais recréé, tel que tu devais être.

Mais le demeurerais-tu ?

C'était mon angoisse. Il fallait que tu sois d'acier trempé, je le répète. Je voulais que tu deviennes comme Achille, invulnérable, plus invulnérable que lui, totalement invulnérable. Tu connais son histoire : à sa naissance, sa mère l'a plongé tout entier dans le Styx, le fleuve des enfers. Ses eaux, si l'on s'y immergeait, conféraient l'immortalité. Mais la mère a retenu l'enfant par le talon qui n'a pas touché le fleuve. Ainsi sa main a-t-elle dessiné la cible de la flèche qui, à la guerre de Troie, lui ôtera la vie… Achille est mort par la faute d'une femme !

J'ai voulu te rendre invulnérable aux femmes. Tu étais puceau jusqu'aux yeux. Ça se voyait comme le soleil à midi. Innocent, jeune et mâle, tu ignorais à quel point tu pouvais les exciter. La première petite gourde venue munie de nichons bien ronds et d'un joli cul emportait le morceau ! Bien sûr, tu l'épousais. Sans le moindre discernement. Loterie. Tu n'avais alors qu'une chance sur des millions d'empocher le gros lot. Bien plus sûrement tu retombais dans la médiocrité, la sottise, l'usure, la mort domestique…

J'ai voulu te rendre invulnérable aux femmes, talon compris. Or, on ne résiste aux femmes que lorsqu'on les méprise. J'ai voulu t'enseigner ce mépris-là. Oh ! ce n'est pas un mépris ordinaire, mais un mépris courtois, invisible à leurs yeux, une distance. Il naît insensiblement dans le temps qu'il nous faut pour s'attacher au plaisir et nous détacher d'elles. À ce jeu-là, une femme en vaut une autre. On évite de tomber amoureux, on ne s'écroule plus à genoux, on reste debout. Ayant appris cela, on peut épouser sans crainte une fille bien élevée ; de préférence un mariage de raison comme on le faisait naguère. Si ensuite on la trompe, c'est à moindre risque et pour elle et pour nous. La distance qu'on a prise, éloigne la passion, réduit à la passade les tentations auxquelles il peut arriver même aux bons maris de céder.

Voilà pourquoi je t'ai donné la femme que j'avais. Fait-on chose pareille ? Non, on ne la fait pas. Je l'ai faite. Ai-je une excuse ? Je n'en ai pas. Seulement puis-je invoquer notre jeunesse. Tu avais vingt ans, j'en avais vingt deux. L'âge de toutes les erreurs, des pires cynismes, les plus inconscients – ce qui ne suffit pas à éteindre mon remords.

Elle, je la connaissais. Du moins je le croyais : Elle fait merveilleusement l'amour, me disais-je, et seulement cela. Elle saura l'éveiller au plaisir sans y mêler de perversité, sans qu'il puisse en éprouver dégoût ou honte. Elle lui sera si délassante, il en ressentira tant de bien-être que tout sentiment de culpabilité lui sera épargné. Certes, la quille venue, il la quittera avec regret.

Mais le désir des femmes lui sera né, inépuisable et irrépressible comme le mouvement des vagues sur la plage. Une femme en chassera une autre. Dix femmes… Il ne songera pas à les épouser. S'il se marie, ce sera avec une fille qui ne leur ressemble pas et, instinctivement, il sauvegardera sa nature, son don, en protégeant sa liberté.

Je lui ai parlé de toi. Je lui ai expliqué ce que j'attendais d'elle, demandé de te rencontrer. Elle s'est d'abord rebellée, j'en témoigne. Elle, jamais vulgaire, qui ne parlait jamais salé, m'a traité de maquereau… n'avait-elle pas raison ? Une violente colère m'a saisi et je crois que je l'aurais volontiers battue. Mais j'étais bien élevé : *Un homme ne frappe jamais une femme, même avec une fleur…*. Il eut mieux valu que je sois goujat et brutal jusqu'au bout, que je la batte comme plâtre, puis m'enfuie pour ne jamais revenir, ne jamais la revoir ! Je me suis contraint à demeurer de marbre et j'ai persisté. Personne ne me résiste, hélas ! et peut-être suis-je parvenu à la convaincre qu'elle deviendrait une bienfaitrice de l'humanité en te dépucelant, car elle a fini par accepter. « Au moins est-il beau ? m'a-t-elle demandé – Il est grand et fort comme un cheval, obéissant et doux comme un enfant, lui ai-je répondu ». Elle s'est détendue et c'est apparemment de bonne grâce qu'elle a conclu ce scandaleux marché. Je dirai tout, David : pour prix de ce forfait, je lui offris un magnifique collier kabyle ; pour le payer, j'ai fait ce que je n'avais jamais accepté de faire : vendre ma peinture ; j'ai cédé au Commandant Keller deux tableaux que je lui refusais avec constance depuis des mois.

Vraiment j'ai tout osé. Jusqu'à proposer à Djamila de m'accompagner à Sidi M'Cid, sachant combien, quand elle était nue ou presque nue, elle pouvait faire défaillir le mâle même le mieux défendu. Introduire une femme, et de plus une femme arabe, à la piscine de Sidi M'Cid, c'était une folle provocation, susceptible de m'attirer les pires ennuis – la taule, la dégradation… je ne sais quoi ! De sa part, accepter relevait de l'inconscience. Elle comptait bien peu pour moi, cela le prouve, pour que j'aie à ce point négligé les risques que je lui faisais courir face à une foule de mecs réduits à la masturbation.

Là encore, j'avais foi en mon pouvoir. Me voyant à son côté, qui aurait osé seulement l'interpeller ou l'effleurer ? J'étais venu en civil, autre interdit violé. Je suis bon comédien : à l'entrée, j'avais affiché un air supérieur et parlé d'un ton d'autorité. On nous laissa passer sans un mot de réserve. On a dû me prendre au moins pour un jeune capitaine. Sur notre passage au long du bassin, au fil des marches, chacun demeura intérieurement au garde-à-vous. Je l'avais prévu de même que j'avais prévu ta reddition. Elle fut immédiate. Je la lus dans le regard que tu posas sur elle, dans la manière dont tu te levas à son approche. Subjugué. Oui, tu étais subjugué.

Peu après, j'organisai la promenade dans la plaine du Sud, au bord de l'Oued Jacoub. L'endroit était sécurisé, libre d'accès, peu fréquenté et heureusement assez vaste pour qu'on puisse s'isoler. Nous étions convenus, elle et moi, que je vous quitterais mais sans trop m'éloigner afin de surveiller les environs et, si besoin était, d'écarter en faisant diversion tout passant importun. J'avais choisi le lieu et le temps avec un peu de complaisance, comme je les aurais rêvés pour moi-même, pour une première fois : un ruisseau clair chantant sous les ombrages dans la douceur d'une fin d'après-midi quand le soleil a cessé de brûler et que déjà s'atténuent les bruits du jour. Poétique, n'est-ce pas ? Poète que j'étais, maudit poète ! maudit suis-je !

Tout s'est déroulé selon mon plan sans un accroc sauf sur un point, le seul que je n'avais pas imaginé parce qu'il n'était pas imaginable : tu es tombé amoureux d'elle. Je l'ai pressenti à ton retour, à l'instant où tu es entré dans notre chambre. Je t'observais à la dérobée, faisant semblant de dormir. Le visage d'après l'amour se trahit par un peu de bleu sous les yeux, un air de fatigue heureuse, parfois une confusion légère mal dissimulée. Cela tient du provisoire et s'efface vite. Tu n'avais pas ce visage-là. C'était plus grave. Tu étais transfiguré. C'était toujours toi. Je te reconnaissais. Et pourtant tu n'étais plus le même. Une lumière t'irradiait qui venait du fond de toi et aussi d'ailleurs. Ainsi d'une fleur ou d'une plante qui s'épanouit sous la lumière du soleil et grâce à l'eau de ses racines. Il y avait de quoi m'alarmer : tu avais été touché par le dieu. Contre lui il n'y avait rien à faire. Je n'ai pas voulu l'admettre : Pas elle ! Pas toi avec elle ! Une fille que j'avais subornée pour qu'elle te déniaise ! C'était impossible. Le dieu s'était trompé.

Il ne s'était pas trompé. Le lendemain, le surlendemain, les jours suivants, les semaines suivantes, tu as conservé le même regard miraculé, la même démarche aérienne. En vrai tu ne touchais plus terre. Tu vivais dans un autre monde et cependant jamais tu n'avais montré une humeur si joyeuse, ni marqué tant d'attention, de gentillesse à ceux qui t'entouraient, qu'il s'agît de moi, des adjudants – c'était un comble ! – ou de n'importe quel bidasse. Tu étais heureux, le monde était devenu un sentier fleuri ; il fallait me rendre à l'évidence : tu étais amoureux.

J'étais atterré, furieux. Contre moi d'abord : de quelle irréparable imbécillité, de quel manque de psychologie j'avais fait preuve en te jetant dans ses bras ! Contre elle : elle avait rompu le contrat ; il s'agissait de t'apprendre à faire l'amour, pas de le provoquer. Contre toi : ta candeur me révoltait ; j'aurais voulu te crier la vérité : Sais-tu ce que j'ai fait ? Sais-tu qui elle est ? Es-tu naïf au point de n'avoir pas compris que c'est une… ? Où cela te mène-t-il ? Nulle part, ou plutôt à ta perte ! Ai-je fait pour toi ce que j'ai fait pour aboutir à cela ?

Mais je ne disais rien. Et toi non plus. Simplement tu t'échappais. Tu m'échappais. Seul tu organisais de nouveaux rendez-vous. Tu étais allé voir Marc. À lui tu t'étais confié. Et comme à moi précédemment, ce salaud te prêtait son entresol. Sans t'avouer, bien sûr, ce qu'elle y avait commis avec lui, avec moi, et ailleurs avec d'autres, tant d'autres ! Il avait deviné que tu croyais être le premier, le seul ; il se gardait de te détromper et en souriait sous cape.

J'ai patienté. J'ai attendu. Je me répétais : Cela ne peut pas durer, cela ne durera pas ; c'est impossible, il découvrira la vérité. Je le redoutais : comment éviter que tu ne sois bouleversé de dégoût, révulsé de colère ? que tu ne la haïsses autant que tu l'avais aimée, que tu me haïsses encore plus qu'elle ? Notre entreprise serait brisée : tu ne deviendrais pas celui que j'aspirais à construire, mais un homme abusé, désabusé, amer, méfiant. Cassé.

À moins que… à moins que cela ne cessât de soi-même, sans heurt, sans savoir vraiment pourquoi. Elle se lasserait de toi comme elle s'était lassée des autres. Elle te dirait : C'est fini. Tu souffrirais, tu croirais souffrir la mort. Je te reprendrais en mains, à nouveau te ferais lire, travailler. Je te parlerais beaucoup pour te distraire de ta peine. Peu à peu tu t'apaiserais pour finalement guérir et ne plus penser à elle.

Pour atteindre cette issue au plus vite, je l'ai revue. Je l'ai complimentée pour avoir si bien réussi – « Trop bien, ai-je ajouté. Mettons un terme à cette aventure », et j'ai entrepris de la reprendre pour te détacher d'elle. Son accord me paraissait aller de soi. Dans les termes du contrat. À ma grande surprise, elle se fit évasive, puis s'échappa franchement en changeant de sujet. Je crus qu'il fallait honorer cette reprise, qu'elle ne serait pas gratuite. Je lui ai offert tout ce que je pouvais offrir, sauf de l'argent. Un jour, elle avait giflé un sous-lieutenant qui lui en proposait. Elle a repoussé toutes mes offres, s'est montrée dédaigneuse, puis ironique, s'est enfin franchement moqué de moi avec une cruauté doucereuse, comme savent le faire les femmes quand elles ont décidé de blesser. Il me sembla qu'elle prenait une revanche, adoptant un ton affranchi et moqueur à mon égard. À la fin je compris ce que je me refusais à comprendre : elle aussi était amoureuse. Elle t'aimait comme tu l'aimais ; son visage, comme le tien, n'avait jamais brillé d'un tel éclat. J'ai cru tomber au fond du Rummel depuis le minaret de la Grande Mosquée. Cela aussi était inimaginable. Comment aurait-elle pu aimer un homme ? Elle pouvait coucher avec un homme. Pas l'aimer. Et toi, voici qu'elle t'aimait !

Elle m'en a donné elle-même confirmation et j'ai découvert qu'il y avait plus inattendu encore. J'insistais une ultime fois pour reprendre notre liaison ; elle se tourna vers moi en souriant et affronta mon regard, une expression de bonheur triomphant dans les yeux :

« Tu n'y penses pas, Michel !... David va m'épouser. »

Coup de grâce ! j'ai vécu à cet instant une sorte de mort brutale. Jusque-là, même au cas où elle se refusait à rompre et ayant découvert qu'elle t'aimait, je continuais d'espérer. Constantine, l'Algérie n'étaient qu'une ville, un pays de passage. Un jour pas si lointain nous rentrerions en France. Si amoureux puissiez-vous être, le retour à lui seul consommerait la rupture. Il restait une chance, peut-être, que tu reprennes, tes plaies pansées, le chemin que je t'avais tracé. Et l'aventure avec elle deviendrait un souvenir enfermé dans une parenthèse.

Mais tu l'épousais ! Tout s'écroulait : tu choisissais un chemin qui n'était pas le tien ; anéanti, l'homme que tu devais devenir ! Tu repartirais avec elle vers ton pays de montagne – Dieu sait que je les connais, les pays de montagne ! La Corse en est un, et une île en plus ! Le moins qu'on puisse dire est qu'ils ne sont pas tolérants. Ils respectent les traditions, bonnes ou mauvaises, et n'acceptent pas ce qui est hors normes, leurs normes, ou tout simplement inhabituel. En pleine guerre d'Algérie, dans une France coupée en deux comme au temps de l'Affaire Dreyfus ou de l'Occupation, tu rentrerais au pays avec une femme arabe, algérienne, musulmane. Dans un pays où on épouse une fille du pays, et où on ne t'aurait même pas pardonné, ou difficilement, une fille pied-noir. Tu ne réintègrerais jamais complètement ton milieu, ta tribu. Tu deviendrais un quasi paria. Le mépris, les vexations, pire encore les silences qui en disent long, impitoyables et impossibles à rompre, c'est tout cela qui t'attendait. Et cette fille du soleil comment accepterait-elle longtemps de vivre dans la neige, au plus froid de la France, arrachée elle-même à sa propre tribu, ignorée, méprisée plus encore que toi ?

Inévitablement tu deviendrais un aigri, un proscrit de l'intérieur, peut-être un vrai exilé car un jour tu ne supporterais plus de rester. Ailleurs tu ne le supporterais pas non plus car tu y subirais les mêmes avatars. Le naufrage d'une vie se dessinait devant moi en traits cruels, inexorables. Mourait sous mes yeux l'homme que je m'efforçais de mettre au monde.

Dix ans ont passé et ces réflexions, je ne les ferais plus aujourd'hui avec autant d'excès. Mais à l'époque, c'est ainsi que je raisonnais (si on peut appeler cela, raisonner…)

Et puis, tu me trahissais. Il y avait entre nous un pacte tacite. Nous en connaissions les termes, il n'était pas besoin que nous les exprimions. Certes, sans doute te demandais-tu ce qui te valait l'intérêt que je te portais. Mais il te suffisait d'en bénéficier et si tu ne savais pas clairement en quoi tu me le rendais, tu ne t'en appliquais pas moins à me donner satisfaction en te soumettant à mes sollicitations. Ainsi l'échange existait et il profitait à chacun. Installer entre nous cette femme avec laquelle nous n'avions rien de commun si ce n'est que nous lui avions l'un et l'autre fait l'amour, déchirait ce pacte, en vérité me chassait.

Alors, David, je me suis tu et en me taisant, j'ai commis un crime.

Tu la voyais sans cesse. De jour, de nuit, autant que les permissions te le permettaient. On vous voyait aussi. Un peu, puis un peu plus, puis un peu trop. Peut-être te souviens-tu de Mehdi Boualem, brigadier dans un des pelotons de FSNA. Français de souche nord africaine, parlons-en ! Tous fellaghas, de cœur sinon de fait ! Comment le leur reprocher ? À leur place, nous l'aurions été de même. Boualem et moi nous nous estimions. Nous nous étions mesurés du regard et de la parole, nous nous étions compris. Nous étions de la même race : réalistes. Demain, il y aurait l'Algérie. Pas l'Algérie française. L'Algérie. Il savait, bien sûr, que j'avais deviné sans peine où se trouvait son cœur, et probablement son action. Il savait aussi que je ne lèverais pas un doigt pour l'aider, ni à l'inverse pour le dénoncer. Il y avait trop d'horreurs, de part et d'autre, dans cette guerre qu'on aurait dû savoir éviter, pour prendre un autre parti que de la voir s'achever au plus vite. Là où nous étions placés, toi et moi, dans notre escadron du Train, nous y assistions plus que nous n'y participions. Les chauffeurs des camions que tu faisais circuler depuis nos bureaux, nous rapportaient ce qu'ils avaient vu au cours de leurs convois. Je me souviens de leur regard halluciné quand ils nous racontaient, en confidence comme à un médecin, et parce qu'il fallait bien qu'ils s'en soulagent en le disant à quelqu'un, les tortures infligées aux prisonniers sous les tentes dans les djebels, qu'on exécutait ensuite presque sous leurs yeux. Et les cadavres ignoblement mutilés de nos soldats, nos compatriotes, des appelés comme nous… Non, je ne voulais pas prendre parti, je ne voulais prendre parti que pour la paix.

Boualem et moi en parlions à mots couverts, à l'orientale. Je le découvrais modéré, n'aimant pas le sang inutile, n'aimant pas le sang du tout. Un jour, il me prit à part et me dit :

« Acquaviva, Norbier est ton ami ?

— Oui », lui répondis-je.

Il poursuivit :

« Il devrait faire attention…

— Attention à quoi ?

— Tu sais ce que je veux dire.

— Pas précisément.

— Je crois que tu le sais : il faut qu'il cesse d'aller là où il va souvent.

— Que risque-t-il ?

— Lui, il ne risque rien.
— Pourquoi ?
— Parce que les choses sont ainsi et qu'il ne risque rien.
— Explique-toi !
— Hasma ! Hasma ! j'ai dit que c'est ton ami…
— C'est donc quelqu'un d'autre qui risque quelque chose ?
— Tu as compris.
— Qui risque quoi ?
— Ah ! je ne sais pas.
— Tu sais très bien, mais c'est moi qui vais le dire : le pire, n'est-ce pas ? »

Il ne répondit pas.

« Réponds, Boualem.
— J'ai déjà répondu.
— Si Norbier fait attention, il ne se passera rien ?
— Je t'ai dit que j'ai déjà répondu.
— Donc si il fait attention, il ne se passera rien. »

Boualem sourit et parla d'autre chose.

J'avais compris, bien sûr : elle était agent de renseignements et elle ne donnait plus de renseignements. Sa mission pour y parvenir, c'était de faire parler des Français. Elle ne parlait plus qu'à toi. Elle s'affichait avec toi en fiancée, en amoureuse… Elle trahissait, et de manière provocante, la plus provocante qui soit sur une terre islamique. On l'avait condamnée. Il existait un seul moyen de la sauver : que tu disparaisses de sa vie. Volontairement ou non. Prévenu ou pas.

J'ai longuement réfléchi. Le plus naturel aurait été de t'en parler, que tu cesses de suite de la voir. Que moi en revanche, je la rencontre pour lui expliquer que vous étiez follement imprudents, qu'elle y risquait sa vie. M'aurait-elle cru ? Ne m'aurait-elle pas accusé de vouloir à tout prix vous séparer ? Et je ne pouvais lui dire toute la vérité ; impossible de lui parler de Boualem sans le mettre lui-même en danger. Folle de toi comme elle l'était et, il faut bien le dire, plutôt écervelée, elle était capable de se précipiter chez ses commanditaires et d'y faire un esclandre. Sa vie était plus que jamais en jeu, et également la tienne dont Boualem avait obtenu qu'elle soit épargnée. Lui-même serait soupçonné d'avoir parlé. Inutile d'insister sur les conséquences que cela entraînerait pour lui aussi. Or il avait parlé parce qu'il avait confiance en moi. Evitant que toi, on t'assassine, il demandait d'éviter qu'elle, on l'exécute. Devais-je, en la prévenant, prendre le risque que son impulsivité vous entraîne tous trois dans la mort ?

Il existait une autre solution : je pouvais te faire muter le jour même à Hassi Messaoud où nous possédions un poste avec quelques camions au service des pétroliers. Le sous-officier qui le commandait était libérable. Un mot au capitaine Di Orio qui n'aurait pas osé me déplaire, et qui de toute manière s'en foutait, et tu étais expédié en plein désert sans avoir eu le loisir de retourner au Koudiat. Je t'aurais proposé de me confier une lettre pour elle que je ne lui aurais pas donnée. Comme tout notre courrier transitait par l'escadron, j'aurais ensuite soudoyé le vaguemestre sur lequel j'avais quelques moyens de pression, pour qu'il intercepte les lettres que vous vous écririez et les détruise aussitôt sans les lire. Elle n'aurait jamais su où tu te trouvais, ses seuls liens avec toi demeurant, outre Marc auquel j'aurais fait la leçon, moi-même qui, bien entendu, ne lui aurait rien révélé. Cruel mais sûr. Je vous mettais tous à l'abri.

Mais après ?

À ton retour en métropole, à ton dernier passage à Constantine avant de reprendre le bateau, vous découvriez la vérité. Vous auriez bien mal admis mes explications. Elle revenait auprès de toi. Elle te suivait en France. Tu étais perdu.

Aussi puisque c'est toi qui importais – et toi seul à mes yeux, que toi, tu ne risquais pas ta vie, je n'ai rien dit, j'ai laissé faire… Quand j'étais enfant et que j'allais au catéchisme, le curé expliquait que le pire des péchés était le péché par omission. Je ne comprenais pas qu'on puisse être responsable d'un acte qu'on n'avait pas commis soi-même. Je l'ai compris à Constantine. Je l'expie aujourd'hui. Je suis un criminel par omission. C'est moi qui l'ai tuée. J'ai tué Djamila.

DIMANCHE

L'aube peint la vallée d'une couleur de morgue. *L'aurore aux doigts de rose…* je ne sais plus la fin de ce début de vers. Il se répète en moi, lancinant, sans jamais s'achever. Pourquoi suis-je appuyé à ce tronc d'arbre, à pic du rocher ? Pourquoi ce vide, ce vertige sous mes pieds ? Falaise du Rummel, falaise du Risoux. Comment suis-je parvenu là à nouveau trempé, souillé de boue ? *L'aurore aux doigts de rose…* je lisais l'Illiade dans la chambre du Mansourah ; je m'appliquais, tournant lentement les pages du livre à la tranche disparue, à la couverture jaunie, à demi déchirée. *L'aurore aux doigts de rose…*combien d'épisodes commençaient par ce vers si beau que je ne finis pas ? Il m'avait dit : « Lis Homère » ; j'obéissais laborieusement, pour lui faire plaisir.

L'aurore aux doigts de rose… l'aube aux doigts de mort. Où est l'illusion ? Où est la réalité ? Quel partage entre l'une et l'autre ? Réalité, ce tronc d'arbre qui me soutient ? Illusion, cette blancheur de cadavre devant moi ? Ai-je rêvé cette nuit ou l'ai-je réellement vécue ? Vais-je mourir ? Un geste et je bascule… *L'aurore aux doigts de rose…* couleur de Constantine, illusion de

Constantine. Illusion brisée. Moi brisé. Une seconde fois. Non, je n'ai pas rêvé cette nuit : morte l'aurore-aux-doigts-de-rose ! morte assassinée. Et si je te hais, toi le meurtrier, si fort, si douloureusement, c'est bien parce que je l'ai vécu cet aveu immense, immonde, qui n'en finit pas de percer en moi un trou atroce.

Quand tu as dit : « J'ai tué Djamila », je n'ai plus supporté de t'entendre. J'ai quitté mon coin dans l'ombre. J'ai forcé une porte ou une fenêtre, je ne sais plus. J'ai quitté la ferme. J'ai couru. Couru. Combien de temps ? Je ne sais pas… toute la nuit ? jusqu'au petit matin ? tant qu'a duré l'orage ?... Dans la forêt, j'ai hurlé. Hurlé. Mes cris n'ont pas expulsé la souffrance. Elle est demeurée là, en moi, comme un démon. Et je voudrais tuer. Tuer quoi ? Tuer qui ? Me tuer ? Te tuer ? Ah ! Si je pouvais te tuer, tuer tes paroles ! Tout anéantir. Tout effacer. Revenir avant.

Djamila, qui es-tu ?

T'ai-je connue ? T'ai-je rêvée ? Que me dirais-tu si tu étais là ? Quelle serait ta vérité à toi ? Je ne le saurai jamais. Il n'y a plus que sa vérité, son horrible vérité : il t'a tuée. Il t'a tuée deux fois. À Constantine, il y a dix ans. Et cette nuit, il a achevé son ouvrage en tuant ta mémoire. Djamila, je n'ai plus d'image de toi. Tout est brouillé, fondu, confondu. Tu n'as plus d'existence. En as-tu jamais eu une ? Celle que j'ai aimée n'est même pas morte. Elle n'a jamais existé. J'ai aimé un mirage. Et tu étais pourtant de chair et de sang, de chant, de rires et de chaleur, de douceur… Tu m'as menti. Tu m'as inventé une histoire à laquelle hier encore je croyais – plus que l'on croit en Dieu ! Je veux entendre dans ma tête ton cri de révolte : Non, ce n'est pas vrai ! c'est lui qui ment ! Lui qui a été ton amant…

Ce mot me déchire comme l'autre qu'il a osé prononcer et que je refuse de laisser à nouveau pénétrer en moi. Ce mot-ci cependant je peux le prononcer, et même le répéter : Il a été ton amant, ton amant… Effacerait-il l'autre par une horreur moins grande ? ou bien est-ce moi qui trouve au fond de mon désespoir, une sombre complaisance à le projeter dans le champ de ma conscience ? À mes yeux, Djamila, en serais-tu graciée de tes fautes antérieures ? Qu'il t'ait… lui comme moi, te mériterait-il ma clémence ? Qu'ai-je dans la tête, quels noirs filets de sang montent du plus noir de mon cœur et empoisonnent mon cerveau ? On ne peut tout partager et il a tout partagé. Ce que j'ai connu de toi, il l'a connu avant moi, presque avec moi… L'ai-je admiré, aimé à ce point comme un autre moi-même pour me découvrir plus lié que délié en apprenant que ma femme était sa femme, la chair de ma chair, sa chair ?

Comment puis-je seulement penser cela ? Effaçons. Refaisons surface. Revenons à la vérité, l'horrible et risible vérité…La femme de ma vie, celle que depuis la nuit des temps le Ciel avait choisie pour moi, n'était qu'une misérable fille prostituée, manipulée, acceptant de jouer une comédie sordide, dérisoire, pour tourner la tête d'un rustaud qu'il s'agissait de déniaiser. Pour son bien ! Et cela par la grâce de celui en qui j'avais mis ma confiance, messie cynique, ami trompeur, imposteur ! Toute mon histoire, mon bel amour, mon merveilleux amour tiennent dans ce résumé, et s'y écroulent.

Voilà pourquoi, pour qui j'ai pleuré, souffert, failli mourir…

Mais peut-être suis-je injuste, Djamila. La farce n'a-t-elle pas tourné au drame ? Tu en es morte. Morte à cause de moi. Car au moins m'as-tu aimé… et c'est parce que tu m'aimais que ce salaud a fait ce qu'il a fait.

Quand m'as-tu aimé ? Dès le premier regard à la piscine de Sidi M'Cid, dans les eaux de l'Oued Jacoub ou plus tard dans la chambre zébrée de lumière et d'ombre du Koudiat ? À quel instant la comédie a-t-elle cessé, quand le simulacre est-il devenu sacre ? Jamais je ne pourrai le savoir…

Michel, toi faussaire, tu me révoltes. Je te hais. Autant que je t'ai admiré. Comment as-tu osé usurper un tel pouvoir de vie et de mort ? Sur elle, sur moi ? Quel démon t'habite-t-il ? Quel acharnement a-t-il mis à travers toi à tout pervertir, serpent mortel dissimulé sous l'habit de l'amitié ? Je mesure aujourd'hui ce que j'ai perdu à croiser un jour ton regard. J'étais encore un enfant. Un enfant qui croyait qu'on lui tendait une main secourable, qui la saisit confiant. Comment as-tu pu abuser à ce point de cette naïveté, cette faiblesse ? Pour avoir cédé ainsi à ce démon, quelle faiblesse caches-tu toi-même, quelle redoutable faiblesse ?

Pourquoi t'ai-je rencontré ? Si j'étais resté au sein du troupeau avec ma fatigue et ma peur, qu'y aurait-il de changé aujourd'hui ? Ah ! certes, je n'aurais pas lu Steinbeck, je persisterais à ignorer l'opéra, Mozart me serait demeuré indifférent et Homère évoquerait seulement le prénom de mon arrière grand-père sur l'horloge de la maison ! En serais-je plus malheureux ? Que cela m'aurait-il donné de moins ? Je dirigerais aussi bien la scierie, serais de même devenu maire. Cela m'aurait-il empêché de rencontrer Lise et de l'épouser ? Non. Et ne l'aurais-je pas mieux aimée, d'un cœur moins partagé, si je n'avais connu Djamila ?

Djamila, si au moins je ne t'avais pas connue !

En moi une autre voix proteste et bien que maintenant je sache tout, ce qui revient à ne plus rien savoir, j'étouffe ce cri impossible et impie. Même abusé, dupé, même malade de dépit et de répulsion, humilié, je ne puis effacer l'émerveillement que j'ai connu. À la désillusion, il résiste. Dépouillé de son mensonge, il résiste. Ce qui s'insurge en moi, ne s'insurge pas contre toi, Djamila. Tu n'as été qu'un instrument, un misérable instrument entre ses mains et, pourtant, tu m'as ouvert le ciel. Je découvre que ma reconnaissance demeure inaltérable, que demeure aussi la douleur de t'avoir perdue. Mais pour autant devrais-je aussi lui rester reconnaissant de t'avoir conduite à moi ? J'enrage à la pensée que sans lui… Je ne peux le supporter, et c'est hélas ! la réalité ? Contradiction. Y a-t-il dans nos vies, une chose qui soit pure, qui ne soit mêlée ?

Qu'importe s'il n'y a rien de logique ! Je ne chercherai pas une échappatoire à ma haine. Je ne veux plus savoir ce qui sans lui aurait ou n'aurait pas été et m'aurait contraint à l'accepter, à le haïr moins. Je le hais. Je me livre à ce sentiment qui a levé en moi cette nuit, pâte amère et froide, pâle comme l'aube et la brume qui glacent le paysage. Je te hais, Michel : tu t'es saisi de moi comme d'un objet, un jouet, un sac de billes, tu m'as utilisé comme un matériau qu'on modèle ou qu'on taille à sa guise – et qu'on brise. Je te hais : tu as fait mourir Djamila plutôt que de laisser le sort dévier ton dessein, que de ne pas satisfaire ton obscur désir de me faire devenir ce que tu voulais que je devienne. Qui as-tu servi sinon toi-même ? Quel mal as-tu accompli, quelle œuvre de mort ? Voici deux cadavres : Djamila vraiment morte et moi mort de ma jeunesse, mort de ma mémoire. Toi l'artiste, toi le créateur, tu as tout détruit. Tout détruit.

Je nage lourdement. Mes vêtements, mes chaussures gonflés d'eau me tirent à la verticale vers le fond, mais sans assez de force pour entraîner aussi ma tête et mes bras. Ma brasse instinctive les maintient en surface, replace mon corps en oblique. L'eau est douce, protectrice. Je voudrais fuir la froideur matinale de l'air qui mord mon visage, en m'immergeant complètement, en descendant. Descendre… quitter la terre, oublier, cesser de penser, cesser de saigner.

Quel mouvement m'a poussé, à l'endroit où le chemin atteint le lac avant de remonter vers la maison, à me diriger vers la grève et à entrer dans l'eau à pas lents, comme poursuivant un autre chemin, invisible ? Quand mes pieds n'ont plus touché le fond, mes bras sont entrés en action naturellement, sans que je les commande. J'en ai ressenti une sorte de regret mais j'ai laissé mon corps agir à sa manière. Je m'abandonne à lui. Il pèse mais flotte. Barque lourde au fort tirant, il me porte. Je gis en lui, blessé, souhaitant la mort. Et il me sauve. Ou bien me mène vers quelque cimetière obscur. Non. Sans que je lui demande rien, il glisse vers l'autre rive en s'écartant du dangereux goulet entre les lacs. Je me repose en lui, je lui fais confiance. Je ne pense plus, je ne souffre pas. Je voudrais que le temps devienne immobile, qu'il n'y ait pas d'après et qu'il n'y ait plus d'avant. Mais le lac n'est pas très large. Voici que ma « barque » déjà racle le fond. Quelques secondes je fais la planche pour durer, pour ne pas sortir, pour n'en pas finir. Puis je me lève. D'un bloc l'air hostile m'enserre. L'eau coule de mes vêtements qui me collent à la peau. J'ai froid. Très froid. Je marche pour quitter le couvert du bosquet où hier… n'y pensons pas. Je gagne le champ tourbeux, longe la rive et m'arrête à l'aplomb du goulet.

Je me fige debout, sentinelle roide au dessus de la courte muraille noire que les eaux ont construite en tranchant dans la tourbe. J'attends. Le jour s'est levé ; le paysage reprend lentement ses couleurs sous la brume qui se dissout. Bientôt le soleil apparaîtra au dessus des monts sombres et chassera les derniers nuages. L'orage ne sera plus qu'un souvenir. Mais que réparera-t-il le soleil, ce grand indifférent, du désastre de la nuit ? Ni la souffrance, ni l'angoisse revenues dès que je suis sorti de l'eau. Tout juste séchera-t-il mes vêtements sans réchauffer mon cœur glacé de haine. J'attends.

Le voici qui apparaît sur le chemin. Il m'aperçoit et s'arrête. Il regarde dans ma direction sans m'appeler ni faire de signe. Il descend sur la grève. Il parait hésiter. Il attend. Comme moi. Puis il prend sa décision : il va me rejoindre. Il se déshabille. Ses vêtements sont secs apparemment. Sans doute est-il resté dans la ferme jusqu'à la fin de l'orage et y a-t-il attendu le jour pour retrouver le chemin du retour. Ma vue est perçante, à longue portée. Je le vois aussi distinctement que s'il était à quelques pas. Je vois un inconnu dont pourtant je reconnais les traits et les gestes. Comme on reconnaît à l'écran un acteur ou un danseur renommé avant même d'avoir vu son visage. Je ressens une aversion sans limites pour ce corps inhumain à force d'être parfait, harmonieux au-delà de toute harmonie, qui dément ce qu'il contient : un fou criminel. Une haine absolue pour cette enveloppe éblouissante dans la lumière qui monte, mensonge de chair, masque de perversion. Je hais. Je hais de toutes mes forces. Je suis pétrifié de haine. Rien ne me contraindra à bouger. Du plus profond de moi s'élèvent un refus froid, une volonté d'entrailles qui me tiennent immobile, étouffent dans ma tête une voix qui proteste encore, qui s'affaiblit et meurt. Rien ne pourra me faire esquisser un geste, pousser un cri. Je ne le sauverai pas, le meurtrier de Djamila.

Il nage le crawl qu'il m'a appris. J'abhorre cette nage puissante. Je ne la nagerai plus. Jamais. Bientôt, lui non plus, mais il ne le sait pas. Il vient vers moi. Il approche du goulet. Il l'atteint. Il va disparaître, aspiré. Il disparaît. Il ne reste qu'un remous en surface. Il n'y a plus de remous. La voix renaît, affolée. Je la brise. Elle persiste. Je la brise encore. Je regarde le mur de tourbe noire pour me faire diversion. Il ne réapparaîtra pas. J'ai froid, encore plus froid. J'aurai toujours froid. Je relève les yeux. La surface du lac est plane. À nouveau la voix revient et espère contre tout espoir. Je la repousse obstinément. Il ne réapparaîtra pas. Personne n'est jamais remonté qui s'est trouvé pris dans la spirale mortelle. Dans le passé, aussi loin que peut remonter ma mémoire familiale, trois personnes se sont noyées à cet endroit, dans ce lac, le lac des Norbier comme on le nomme au village, le lac des Mortes de son vrai nom, le lac du Mort. Car il est mort. Je vais aller ramasser ses vêtements ; monter à la maison ; prévenir la gendarmerie. Il s'est baigné et il n'est pas revenu. On sondera le lac près du goulet à l'aide de perches. On remontera son corps. Je le contemplerai repoussant, vidé de toute vie, bleui, inerte, à jamais inoffensif. Justice est faite. Tout est expié. Mon passé peut à son tour mourir en silence. Il m'est désormais indifférent. Je contraindrai ma mémoire à lui creuser un vide sans ombres et sans échos.

Maintenant il faut rentrer. Je ne bouge pas. Pourquoi je ne bouge pas ? Je regarde la surface du lac. J'attends. Quoi ? Il n'y a plus rien à attendre. La voix revient, désespérée. Je ne puis plus la faire taire. Elle me dit : Tu l'as tué. J'ai froid, toujours plus froid ; pourtant ma main essuie mon front où perce une sueur. Tu l'as tué. Il est mort : mes jambes s'amollissent, je dois m'asseoir. J'ai envie de crier : Non, non, non ! remonte ! Mais j'ai la bouche collée. J'ai envie de me jeter à l'eau, de nager vers le goulet. Je ne peux pas le laisser là. Je dois l'en sortir ou y rester avec lui. La surface du lac frémit. Un cercle s'y dessine. Une tête apparaît, disparaît, réapparaît. Des bras battent l'eau. Le corps suit, s'arrache du cercle, s'éloigne et soudain flotte, immobile.

— Michel !

J'ai hurlé. Je me jette à l'eau. Je nage. Je le saisis. Je le tire vers la rive. Il est vivant. Ma haine revient comme une bouffée glacée, impossible à briser. Je hais ce corps épuisé, affalé sur l'herbe, blanc, presque translucide, qui suffoque et crache l'eau en sifflant. Je voudrais pouvoir le rejeter au lac, le repousser à coups de pieds vers le goulet. Mais ce n'est qu'un désir impuissant à forcer ma volonté. Je suis un homme devant un autre homme qui vient d'échapper par je ne sais quel miracle, ou quelle prouesse, à une noyade certaine. Il était possible tout à l'heure de provoquer le sort et puis de laisser faire… Mais agir maintenant de mes propres mains sur un homme à terre, sans défense, impossible ! Tuer n'est pas dans ma nature et pourtant j'ai failli tuer. Je suis soulagé, éperdument soulagé. Moi aussi je viens d'échapper à la mort, une autre mort, également effroyable, le remords… mais cela ne peut m'interdire de haïr.

Je l'ai laissé se reprendre sans l'aider. J'ai attendu, silencieux, qu'il retrouve son souffle, se repose, se relève. Je lui ai donné ma chemise pour qu'il se couvre décemment. Quand il a pu marcher, je suis parti. Il m'a suivi sans dire un mot. J'ai perçu derrière moi qu'il peinait, sans forces. Je me suis arrêté. Il ressemble à un fantôme, comme cette nuit à la Maltournée. Il n'est plus que l'ombre de lui-même. Je passe un bras sous ses épaules et l'entraîne. Il avance difficilement, pieds nus, tremblant, étonnamment faible pour qui le connaît. Notre marche me paraît durer une éternité. Quand nous atteignons l'autre rive, je ramasse moi-même ses vêtements et nous montons vers la maison. Il va dans sa chambre. J'entends la douche couler longuement. Je donne à manger à Achille et je monte à l'étage. Je me débarrasse enfin de mes vêtements humides, me réfugie dans ma baignoire. Un bain très chaud. Je m'y coule entièrement, veillant à ne laisser dépasser de la surface de l'eau que la partie la plus étroite du visage pour pouvoir respirer. Et j'attends à nouveau en tentant de ne penser à rien. Je laisse passer le temps. Combien de temps ? Je ne sais. L'eau commence à refroidir. Je sors de la baignoire. Je frissonne un peu. Je prends une serviette, m'essuie péniblement. J'ai mal partout, je ressens une intense fatigue. Je m'étends sur mon lit.

La lumière a envahi les murs blancs et m'éblouit quand j'ouvre les yeux. Combien d'heures ai-je dormi ? Je mesure qu'il est près de midi. Il n'y a aucun bruit dans la maison. Son silence résonne en creux en deçà de la fenêtre fermée, enclos dans l'orbe musical des clarines au loin. Brève torpeur du réveil. Le temps à peine de reprendre conscience et l'étreinte d'enfer se referme. Il est quelque part là en dessous. Ou bien est-il parti ? Vais-je devoir l'affronter ? Qu'allons-nous nous dire ? Qu'ai-je fait ?... Je n'ai rien fait et n'ai rien à lui dire ! Cet homme est là et il faut qu'il parte s'il n'est déjà parti. Il faut en finir. Ensuite j'irai travailler au jardin pour ne penser à rien, tuer le temps jusqu'au retour de Lise. Lise, reviens-vite et referme la porte. Reprendre notre vie. Ce passé n'est rien. Plus rien.

Je me lève. Mon corps douloureux, lui, ne se laisse pas oublier. Stigmates. Jusqu'à quand dureront-ils ? Jusqu'à demain, après-demain ? Eux s'effaceront aussi, vite, plus vite encore... Je me regarde dans la glace. Je m'étonne de mon visage de tous les matins, barbu, un peu hirsute. Ordinaire. Rien n'a changé. Vraiment rien n'a-t-il changé ?

Vais-je me raser ? Non, cela prendrait trop de temps. Je passe un peigne dans mes cheveux. Je vais descendre. Sera-t-il encore là ?

Il est debout devant une fenêtre, son sac de voyage à ses pieds. Il se retourne. Son visage est fatigué, brutalement vieilli. M'a-t-il attendu là tout le matin ? Veut-il parler ? Pour nous dire quoi ? Je veux qu'il parte, qu'il parte immédiatement ! Sinon comment retiendrai-je ma colère ? Vais-je la lui jeter au visage ? À quoi bon ? Séparons-nous sans explications. Il sera temps plus tard de supporter le malaise des choses qu'on n'a pas dites, qui taraudent et usent, des questions éternellement sans réponses. Cela vaut mieux qu'une bataille de mots qui frappent comme des poignards, prononcés moins pour comprendre que pour faire mal, pour tuer, encore tuer...

Il parle :

— Tu as voulu me tuer, David. Ne le nie pas. Je le sais. Je l'ai compris dès que je t'ai aperçu face à moi sur l'autre rive. Entre toi et moi, la ligne à suivre pour te rejoindre. Et vers la fin, le piège. Je suis tout sauf inattentif : crois-tu qu'hier, je n'aie pas remarqué ton soin à nous faire nager éloignés du passage entre les deux parties du lac ? J'ai compris qu'il y avait un danger à cet endroit. Ce matin, si tu te tenais là droit comme un poteau qui marque la fin d'une course et qu'on atteint en criant « Touché ! », c'était bien parce que tu voulais que je t'y rejoigne. Quel autre réflexe aurais-je pu avoir en t'apercevant ? Après ce qui s'est passé cette nuit, je n'allais pas te fuir. Tu me connais assez pour le savoir. Je n'ai pas hésité, pas reculé. Je savais que j'allais mourir, que tu allais me tuer. Sais-tu ce que j'ai ressenti ? Non, tu ne t'en doutes pas. Du bonheur. Un immense bonheur. Un bonheur comme je n'en ai jamais éprouvé, qui m'a pris et emporté comme un vertige. J'étais déjà au-delà de moi-même, allégé, délivré, transformé comme seul peut transformer... du moins je l'imagine. Tu ne comprends pas, David ? Tu ne comprends pas, n'est-ce pas ? Au point où nous en sommes, on peut tout dire. Je vais tout dire.

D'abord, et c'est le plus simple à expliquer, tu rendais justice et j'acceptais cette justice. Peut-être même l'attendais-je, l'espérais-je ? J'avais tué Djamila et j'expiais. C'était juste ; cela ne regardait que nous.

Et puis... et puis, il y a autre chose qu'il faut que tu saches : j'étais déjà condamné. Je suis condamné. Je retourne à Paris non pas pour reprendre mon travail mais pour me faire opérer. Mardi prochain, j'entre à l'hôpital. Je suis malade : un cancer. L'opération ne le guérira pas ; elle m'accordera seulement une rémission. Je retournerai à Valle di Paraso et là-bas, j'attendrai dans ma maison. Rien ni personne ne pourront me la faire quitter. J'ai tout prévu jusqu'à la fin. Je ne mourrai pas à l'hôpital de Bastia ni ailleurs. J'ai peur, très peur parce qu'auparavant, je vais souffrir, beaucoup souffrir... Aussi, ce matin, m'offrais-tu le plus beau des cadeaux, la seule chose que je ne peux m'offrir moi-même. Dans le désastre qu'est ma vie, il y a quelques points d'amarre qui tiennent solidement. Un Corse, un

Acquaviva ne se suicide pas. Sur ce point, nous ne sommes pas des anciens, des romains… mais des chrétiens. En revanche, rien ne nous interdit d'obéir au destin. Nous avons pour tradition de l'accepter. Tu te faisais l'instrument du destin. Je n'avais qu'à laisser faire. Peux-tu imaginer le soulagement… non, le mot est trop faible ! il est laid… l'éblouissement, le bonheur, je le répète, à ne plus résister, à renoncer ? À renoncer, oui. Tout allait être fini. Fixé à jamais. Expié. Et pardonné. Oui, ce bonheur, je l'ai ressenti comme le pardon. Le grand pardon. Celui du bout de la vie. J'allais cesser de souffrir, et je ne parle pas seulement de ma maladie. Il y a d'autres cancers… pires, je le crois.

J'ai nagé. Jamais je n'ai nagé si détendu, si extasié : le mot est fort ou bizarre, mais c'est le mot. Nager, être dans l'eau, dans la mer, ou ici dans ton lac, c'est toujours pour moi une sorte d'extase. Je n'ai jamais compris pourquoi. J'ai toujours aimé être dans l'eau, comme un enfant dans sa baignoire. Et ce n'est pas Conrad – tu te souviens de Conrad ? je t'ai une fois parlé de lui – ce n'est pas Conrad qui m'a appris à aimer l'eau. Avant de le rencontrer, je l'aimais déjà. Enfant elle me fascinait. Je tournais les robinets des lavabos, de l'évier à la cuisine, des tuyaux d'arrosage rien que pour la voir couler. Pas une fontaine, un ruisseau où je ne trempais les mains, les pieds, voire le corps entier. Ce bain, ce matin, que j'ai cru mon dernier bain… a été une extase, une extase plus absolue que jamais auparavant. L'eau était douce – l'ai-je jamais trouvée si douce ? Elle m'enveloppait, elle m'emportait. Elle me protégeait – quel paradoxe ! Oui, elle me protégeait pour l'éternité. Je n'avais aucune crainte de ce qui allait se produire ; je ne l'imaginais même pas ; j'ose dire que cela m'était indifférent. Je devais simplement passer une porte. Quoi de plus banal que de passer une porte ? – on fait ça toute la journée. En fait, je l'avais déjà passée. Au moment où j'étais entré dans l'eau en regardant dans ta direction. Je nageais sans hâte ; le temps n'avait plus d'importance… *tempo di Paraso… acqua di Paraso… acqua viva… Paradiso… Eternità.* Et puis…

Et puis j'ai été aspiré. Aspiré par une force qui m'entraînait vers le fond, irrésistible. Instinctivement j'ai retenu ma respiration, me suis laissé couler. Quand on se noie, dit-on, on voit en quelques secondes défiler sa vie. C'est vrai : j'ai tout revu. Tout était là, dans un tableau semblable à l'un de ces immenses tableaux du Moyen-Âge aux perspectives qui n'en finissent pas d'aller chercher l'horizon, où se succèdent des scènes comme autant d'épisodes au même personnage central : moi. Autour de moi, tous ceux qui ont compté : mon grand-père, Vanina notre servante, Conrad, Djamila…et puis toi, depuis ton arrivée au Mansourah jusqu'à la mort de mon grand-père et celle de Djamila. Toi aujourd'hui, toi ce matin, dressé sur la berge en juge, en meurtrier…

Meurtrier ! tu devenais un meurtrier. Comme moi. Le prix que tu paierais bientôt serait celui que je paie depuis tant d'années. Le bonheur que je ressentais de mettre un terme à ma souffrance en mourant par toi, te coûterait la même souffrance. M'anéantir était t'anéantir aussi. Celui que tu étais devenu, que j'observais depuis mon arrivée, découvrais conforme, après l'épreuve, au modèle que j'avais espéré, se dissoudrait lentement dans le remords et le malheur. On ne tue pas impunément. Je ne le sais que trop. Malgré ce qu'il m'en coûterait à nouveau, je ne pouvais accepter de te laisser entrer dans ce cercle infernal. J'y étais.

Tu ne m'y remplacerais pas pour que j'en puisse sortir.

Je me suis battu, rassemblant mon énergie, mon expérience de nageur, les leçons de Conrad. Peut-être est-ce Conrad qui nous a sauvés l'un et l'autre : En toutes circonstances, m'enseignait-il, d'abord maîtriser sa peur, faire appel à sa volonté ; vouloir, vouloir à tout prix et contre tout espoir...

J'ai vaincu les tourbillons : en jouant avec eux, en me laissant entraîner sans résister et quand j'ai pu toucher le fond, en discernant la spirale ascendante ; en m'y plaçant d'un puissant coup de talon pour qu'elle me remonte à l'air d'un trait, sans que j'intervienne autrement que pour m'y maintenir ; en contrôlant chacun de mes gestes pour qu'aucun d'eux, incertain, malencontreux, ne permette aux remous contraires de me happer à nouveau.

J'ai su échapper à la mort que tu voulais me donner. Grâce à moi, tu ne seras pas un meurtrier. C'est aussi un bonheur comme l'aurait été cette mort imminente, cette mort que je devrais connaître en cet instant, dont je t'ai sauvé et qui nous donne : à moi un droit, celui de pouvoir tout confier, à toi le devoir de tout entendre. Tu pourras comprendre désormais l'incompréhensible et, peut-être, l'indulgence deviendra-t-elle une nécessité...

Tout dire, tout te dire... Parmi les scènes revécues pendant que je coulais, il en est une, centrale. Qu'a-t-elle été pour toi ? En as-tu le souvenir ou l'as-tu oubliée ? L'as-tu seulement perçue, au moins confusément ?

Souviens-toi pourtant : le voyage à Bône. Je t'avais dit : « J'ai posé une permission : samedi et dimanche prochains, je vais à Bône ». Tu avais répondu, péremptoire : « J'y vais avec toi ». J'aurais pu refuser en inventant n'importe quelle raison. Mais il n'y avait pas de prétexte qui ne t'eût peiné ou humilié. J'avais donc accepté et le prétexte – c'était plus facile : perme supprimée ou mission inopinée – fut pour Djamila car c'était avec elle, cela tu l'ignorais, que j'avais prévu cette escapade. Sans le savoir, tu lui pris la place et nous partîmes le samedi matin par le train.

Il y a dans la vie des journées bénies. Elles nous arrivent sans qu'on les ait prévues et sans qu'on les ait méritées. Nos angoisses, nos désirs, le malaise latent et indéfinissable que nous portons en nous-mêmes s'évanouissent. Nous éprouvons une joie dont nous ne cherchons pas à déterminer la cause ou l'origine tant elle nous paraît naturelle. Nous nous contentons de la vivre dans l'instant comme une entrée dans l'éternité, car nous n'imaginons pas qu'elle puisse s'en aller aussi furtivement qu'elle est venue. Ce qui inévitablement se produit… Elle n'en est pas illusoire pour autant, seulement périssable parce que nous sommes mortels. C'est l'aile des anges qui nous frôle brièvement dans leur vol invisible et nous rappelle sans bruit que nous sommes faits pour autre chose que nous ne connaissons pas, une autre vie je ne sais où, ici, là-bas, dans ce monde ou dans un autre. Elle est si parfaite que nous ne nous interrogeons pas. Les questions viennent après, dès qu'elle s'efface et devient le passé.

Souvenir… souvenir de cette journée de Bône. Le train roulait lentement, poussant devant lui un chariot de sacs de sable, parade aux mines nocturnes déposées sur les rails par les rebelles. Sur chaque côté de la voie, ici et là, d'autres sacs de sable s'érigeaient en murailles pour protéger des gares, des aiguillages ou des postes de guet. Mais cet environnement de guerre n'arrivait pas à altérer la beauté ocrée des montagnes, le remous verdoyant des orangers qui dévalaient les pentes. Le wagon était vide ou presque, et nous ne parlions pas, absorbant en nous-mêmes les paysages qui défilaient.

La joie naissait en nous sans encore qu'on la perçoive. Elle montait obscurément comme l'eau dans un vase où l'on a mis des fleurs et qu'on remplit avec lenteur parce qu'on n'en voit pas s'élever le niveau. Elle a atteint sa plénitude quand nous avons gagné la plage à l'est de Bône, solitaire, presque sans maisons, adossée à un paysage indéfini de champs à proximité et de collines au loin. On ne voyait qu'elle, le ciel et la mer. La mer, éternel retour à l'origine, à l'essentiel… J'avais apporté mon chevalet, mon attirail de peintre. Tout l'après-midi, j'ai peint. Un tableau bleu, rien que bleu. Où je ne retrouve pas aujourd'hui que le bleu. Il me restitue surtout ce bonheur inexprimable et précis, précieux, unique que nous avons vécu là. C'est le seul de mes tableaux que je contemple encore. Les autres me sont devenus indifférents et sont n'importe où dans la maison. Je les ai composés de mémoire, tu t'en souviens, dans notre chambre. À l'époque, c'était mon lien avec mon pays, avec la Corse. Lui est le seul que j'aie peint à l'extérieur, le seul algérien. Je l'ai placé dans ma chambre ; je me réconforte en me disant que je l'aurai sous les yeux en mourant. Il recueillera mon dernier regard…

Toi, curieux mais silencieux, étendu sur le sable, tu observais la toile blanche où progressaient les bleus. Ils s'y modifiaient d'heure en heure, dessinant peu à peu la mer et le ciel, exprimant à la fin bien autre chose ; autrement plus que ce que nous avions devant nous. Souvent je faisais une pause, nous nous jetions à l'eau. L'air avait une douceur d'étoffe dont les fils impalpables tamisaient une fraîcheur légère. L'eau était de même. Il n'y avait plus de différence entre eux, sauf à faire cas du soleil qui brûlait dehors et s'éteignait dedans, rendant à chacun sa vraie nature sans pourtant les disjoindre. Longuement je t'ai aidé à améliorer le crawl que je t'avais appris à Sidi M'Cid. Et c'est ce jour-là que nous avons fait nos premières compétitions. Nous visions un rocher, à qui le toucherait le premier. Je t'ai chaque fois battu mais ces victoires n'humiliaient pas ta fierté. Il n'y avait pas de coupe à gagner : nous vivions accordés et non pas concurrents.

Nous avons passé la journée sur cette plage, à la lisière des zones interdites, de ce fait désertées, dans un silence à peine troublé à quelques reprises par des tirs assez proches – exercices ou accrochages ? nous l'ignorions. Au soir, le tableau était terminé. Il me semble quand je le regarde, qu'il a rassemblé les luminosités successives du jour si bien qu'il n'appartient ni au matin, ni au midi, ni au couchant. Il est de toutes les heures et d'aucune. Je l'aime comme un moment de ma vie perdu mais, grâce à lui, sans cesse recréé entier, intact.

À la tombée du jour, nous sommes repartis sans regret comme on quitte sa maison pour y revenir le lendemain. Notre allégresse ne s'atténuait pas. Elle demeurait immuable alors que diminuait l'intensité de la lumière ; qu'au fil de notre marche vers la ville, s'avançaient vers nous les masses confuses des maisons entrecoupant l'horizon et nous dissimulant peu à peu la mer. Il nous semblait que ni le temps, ni l'espace qui se transformaient sous nos yeux, n'avaient influence sur elle. À l'inverse, c'était elle qui les saisissait, les absorbait, leur donnait place à l'intérieur d'elle-même, les transfigurant sans les changer de nature. Tout devenait aliment pour cette joie que rien, en cette heure sacrée, n'aurait pu rompre.

Nous nous sommes offert une folie de fête, une fête unique, de celles qu'on ne renouvelle jamais. Nous avons cassé nos soldes comme on casse une tirelire pour aller au meilleur restaurant de Bône. J'ai oublié son nom ; peut-être toi t'en souviens-tu. Il donnait sur une place plantée de palmiers comme à l'infini. On nous a reçus comme des colonels. Contrairement au règlement, et cela aurait pu nous coûter cher, nous ne portions pas l'uniforme. Nous pouvions être n'importe qui, donc pourquoi pas, même jeunes, des gens importants : les fils d'un général de corps d'armée ou ses aides de camp, des danseurs de l'Opéra en tournée, des neveux de de Gaulle… ou tout bonnement des sous-lieutenants fortunés !

Nous avons mangé des nourritures exquises et bu des vins ineffables. En musique de fond, les Platters jouaient « Only you ». Quelle banalité ! On l'entendait partout et tout le temps. Mais choisissons-nous jamais la musique qui pétrifie un grand moment et, plus tard, nous le restitue tel un objet sorti d'une boîte posée devant nous. « Only you » ! Comment aurais-je pu imaginer que cette rengaine de l'époque, jolie, un peu sirop, scande aujourd'hui mon souvenir et l'imprègne jusqu'à la trame ? Pour se mettre en mémoire, nos sentiments, nos sensations utilisent les matériaux qu'ils trouvent au bord du chemin sans faire le tri. Et c'est ainsi : « Only you », c'est cette soirée et… mais c'est un autre moment.

Le serveur algérien attaché à notre table en vérité dansait. Comme fait danser Béjart. Jamais, dans aucun restaurant au monde, je n'ai revu pareil spectacle offert par un garçon de salle. Il se tenait à distance, ni trop près, ni trop loin, figé mais souplement, presque hiératique. Son regard immobile semblait fixer un point invisible très loin au dessus de nos têtes. Mais à peine commencions-nous d'un coup d'œil à balayer, muets, la nappe à la recherche du sel, que la salière était entre ses doigts et se posait devant nous. Nous n'avions pas le temps de percevoir ce que nous désirions que, déjà, il nous avait devinés et satisfaits. Son art tenait de la magie : le danseur s'était animé sans qu'on s'en aperçoive, avait repris sa place derrière nos chaises, retrouvé son regard fixe que seulement nous découvrions que nous étions servis. Le mouvement s'était inscrit dans l'espace, preste, précis, juvénile et gracieux, sans bruit et apparemment sans effort.

Tout, décidément, participait à entretenir l'inexprimable jubilation de cette journée et ce n'est pas la nuit évidemment merveilleusement étoilée, découverte à la sortie, qui risquait d'en ponctuer la fin. Nous avons gagné l'hôtel portés par une ivresse légère qui ne devait pas seulement aux vins consommés. Du point du jour aux premières heures nocturnes, nous avions été comblés d'un bien-être inhabituel, et la tête nous tournait un peu. Nous avancions rassasiés, libérés de toute tension, intimement persuadés que demain serait comme aujourd'hui. « Demain, nous irons à Hippone, t'ai-je dit. Nous prendrons une calèche et visiterons les fouilles. L'accès en est interdit, mais qu'importe ! ce sera dimanche, il n'y aura personne. Pas de gardien. Il suffira de sauter un mur ou une barrière. Je te ferai découvrir ce qu'était une ville romaine ».

Visiblement cela t'était égal. Tu ne pouvais pas t'en réjouir plus encore que de ce qui nous avait réjouis tout le jour. Nous avions été heureux ici. Nous le serions là ou ailleurs. Le propre du bonheur est de nous faire croire qu'atteint, il demeure sans borne et sans fin. Or, qu'y a-t-il de plus fragile ? Tout d'un coup, il se rompt.

Tout s'est rompu, David. Tu le sais ou tu ne le sais pas. Si tu l'as su, tu n'en as rien dit parce que ce ne sont pas des choses qui se disent. Cela s'est passé sans mots et nous avons fait, après, comme si de rien n'était. Nous avons eu raison : rien n'a été.

Il y avait un seul lit dans la chambre réservée pour Djamila et moi. Tu n'as pas fait de remarque et je n'ai pas donné d'explication. Nous nous sommes couchés en silence. Un temps assez long, nous sommes demeurés immobiles, étendus à plat, côte à côte. Puis insensiblement, du fait du creux du lit et du poids de nos corps, nous avons glissé l'un vers l'autre. J'ai dit en moi-même : Eloigne-toi. Je ne l'ai pas fait. Et toi – étais-tu à demi endormi, à demi éveillé ? – tu as passé tes bras autour de mes épaules et m'as attiré contre toi. Avec une force telle que j'ai eu le sentiment de faire brusquement connaissance de ton corps, d'en recevoir l'empreinte contre le mien. À une heure nocturne où se relâchent nos défenses, obéissais-tu inconsciemment à un mouvement spontané, un désir d'achèvement, parafe final à l'harmonie du jour ? Qu'allait-il s'ensuivre ? Je me suis dégagé doucement, comme pour ne pas te réveiller, ai pris sans bruit mes vêtements, suis sorti de la chambre.

Le lendemain matin, tu m'as retrouvé à une table de la salle à manger, t'attendant pour le petit déjeuner. Tu t'es assis en face de moi. Nous avons parlé pour ne rien dire. Du restaurant de la veille, de ce que nous allions faire. Vraiment ne t'étais-tu rendu compte de rien ? Pensais-tu que je m'étais levé peu auparavant, alors que tu dormais encore ?

Nous sommes partis à Hippone. Nous avons visité les fouilles. J'y ai ramassé deux lampes à huile en terre cuite et à culot pointu. À l'époque romaine, on devait les poser dans une autre poterie ou dans un anneau scellé dans le mur. Tu m'as traité de voleur. En fin d'après-midi, nous avons pris le train et regagné Constantine. Nous parlions pour parler. Le plaisir était mort.

Voilà : tout est dit, rien n'est dit… Il me faut poursuivre.

T'es-tu jamais demandé – si tu as eu à te le demander, où j'avais disparu au cours de cette nuit-là ? Je vais te le dire, te confier mon histoire, toute mon histoire…

Je suis sorti de l'hôtel et j'ai marché dans la ville déserte sans aucune précaution. Ce qui pouvait m'arriver, m'était indifférent. Le moindre eut été de tomber sur une patrouille. Le pire… Il ne m'est rien arrivé et je crois qu'au fond de moi, je le regrette. J'ai marché jusqu'à notre plage de la journée. Je me suis couché sur le sable. Tout était noir. Les étoiles avaient pâli ou disparu. Le bruit du ressac me cognait l'oreille, douleur lancinante qui ne laissait pas de répit. Je comprenais clairement ce que je n'avais jamais voulu comprendre ; se révélait à moi ce que je m'étais toujours caché. Je pleurais. Je déteste les larmes, les gens qui pleurent. Quand j'étais enfant, je serrais les dents à me couper la langue plutôt que de pleurer. À la mort de mon grand-père qui était ma seule famille, à qui j'étais lié par toutes les fibres de l'être, je n'ai pas pleuré. Ni à l'enterrement, ni en privé. Dieu sait pourtant que ce fut un déchirement ! Une seule fois auparavant j'avais pleuré. À la mort de Conrad. Irrépressiblement. Je m'étais caché au plus profond de la maison pour qu'on ne me voie pas, qu'on ne m'entende pas. Conrad... je vais te parler de lui. Et du fil secret qui le relie à toi. À Constantine, je t'avais seulement dit qu'il m'avait appris à nager et à monter à cheval, qu'il était mort noyé en portant secours aux passagers d'un voilier. Tu venais de me demander si mes parents habitaient Valle di Paraso ; je n'avais pas répondu.

Je ne connais pas mes parents, David... C'est la plaie ouverte au fond de moi, ma souffrance la plus secrète, celle que je n'avoue jamais, un tourment incessant, la honte comme une maladie irrémissible. Personne, ni toi ni personne, ne peut imaginer le trou noir, béant, insondable, impossible à combler à l'intérieur de moi, dans ma tête, ma poitrine, tout mon corps. Ma mémoire est absente, mes yeux aveugles. Quand ma bouche prononce les mots de maman, papa, ils sont sans résonance et sans image, cruellement creux, dénués de sens et d'existence. Mon âme est un long cri muet, désespéré, qui se renouvelle sans cesse comme la respiration d'un mourant qui ne meurt pas, qui n'en peut plus de ne pas mourir. À l'intérieur je suis vide, éternellement vide comme l'enfer, et mon enveloppe externe – mon corps, ma peau, mon regard, mon sourire, ma parole sont un mensonge vivant quotidiennement entretenu pour tromper, faire croire – beau, séduisant, intelligent, irrésistible..., que je suis ce que je parais.

Cela n'a pas été ainsi dès le début. Quand j'étais enfant, comme tous les enfants je m'étais adapté. Chez mon grand-père, j'ai été élevé par Vanina, une femme déjà âgée qui tenait la maison depuis la propre enfance de ma mère. Elle en avait été la nourrice ; ma grand-mère était morte à sa naissance. Lorsque j'ai été en âge de poser des questions, j'ai demandé où étaient mon père et ma mère. Mon grand-père ne répondait pas, regardait ailleurs, parlait d'autre chose ou reprenait son journal ou, parfois, sortait de la pièce. Je cherchais alors le regard de Vanina debout au bout de la table ou derrière nos chaises, nous servant ou s'affairant, mais elle baissait les yeux et me disait doucement, plus doucement qu'à l'accoutumée : « Mange ta soupe ! elle va être froide » ou « Va jouer ! » ou « As-tu fait tes devoirs ? ». Un enfant comprend vite : j'ai compris qu'il ne fallait pas poser de questions. Au village, à l'école, partout, régnait le même silence. Personne ne me parlait jamais de mes parents et je ne questionnais jamais personne.

J'avais pourtant des parents et il fallait qu'ils existent. Aussi me suis-je inventé une histoire secrète : mes parents alors que j'étais bébé, étaient partis en voyage dans un pays lointain – le Népal. Il y avait un roi qui les avait obligés d'y rester et de demeurer au palais auprès de lui pour élever ses propres enfants parce que lui-même était veuf et ne voulait pas se remarier. Mes parents vivaient désormais dans ce pays plein de fleurs, d'oiseaux multicolores et de grandes montagnes blanches. Ils n'avaient pas le droit d'écrire mais ils pensaient tous les jours à moi, parfois en pleurant. Ils reviendraient quand les princes et les princesses seraient devenus des grandes personnes qui n'auraient plus besoin d'eux et je les retrouverais enfin… mais il ne fallait jamais parler d'eux parce que ça leur porterait malheur ; ils pourraient en tomber malades et mourir avant de rentrer à la maison.

Un jour, Vanina faisait le ménage dans la chambre de mon grand-père ; je l'avais accompagnée. Je regardais sur un mur un grand tableau représentant une belle dame aux cheveux noirs, aux yeux bleus, habillée d'une longue robe. « C'est ma maman ? » ai-je demandé. « Non, m'a répondu Vanina, c'est ta grand-mère. Mais ta maman lui ressemble beaucoup, quasiment trait pour… ». Elle s'arrêta net de parler ; sans doute, pensait-elle qu'elle en avait déjà trop dit. Je tombai en adoration devant ce tableau. En catimini je venais sans cesse le contempler. Le beau visage de ma grand-mère demeure, aujourd'hui, l'unique lueur qui parfois troue brièvement ma nuit intérieure.

Une seule autre fois, Vanina a rompu le silence. En m'aidant à m'habiller, le matin de ma première communion, alors que nous faisions face à une glace, elle a saisi délicatement entre ses doigts la croix de corail que je porte au cou. Elle l'a élevée devant la glace sans me la retirer et m'a dit – je crois qu'elle se retenait de pleurer : « C'est ta mère qui t'a donné cette croix. Elle-même l'avait portée depuis sa communion. Ton grand-père a fait graver ton prénom au dos avec la date de ton baptême ». J'ai essayé de saisir la balle au bond, de la faire parler plus avant, mais elle s'est brusquement écriée : « Dépêchons-nous ! Tu vas être en retard ! » Je tiens à cette croix plus qu'à la prunelle de mes yeux. Crois-moi : ce n'est pas une formule !

Les années ont passé. Un soir d'été, j'avais quatorze ans, je parquais les moutons avec un garçon du village. Nous nous sommes violemment disputés pour une raison que j'ai oubliée. Nous nous sommes battus. Je lui ai fait toucher terre et il était hors de lui. Il m'a crié :

« *Bastardo* ! »

Je l'ai pris à la gorge, j'ai serré et j'ai exigé qu'il retire ce mot ou qu'il me dise pourquoi cette insulte, la pire de toutes, celle qu'on ne prononce jamais en Corse, même à l'encontre de son pire ennemi. Quand j'ai desserré mes mains pour qu'il parle, il m'a craché au visage, haineux. Jouissant du mal qu'il me faisait – mais il ne savait pas à quel point il me faisait mal, il m'a crié :

« T'as pas de père ! Même ton grand-père sait pas qui c'est ! Et ta mère, elle est partie à peine que t'étais né. Elle a disparu et personne sait où elle est. Elle a jamais rien dit ! Elle reviendra jamais ! Peut-être qu'elle est morte. Tu la verras jamais ! Tu la connaîtras jamais ! T'es un sale bâtard ! bâtard ! bâtard ! »

J'aurais pu le tuer sur place, mais j'étais vide, parti ailleurs. J'ai lâché le garçon ; il n'existait plus. J'ai quitté le village et je suis descendu vers la mer par les champs d'oliviers, les milliers d'oliviers tordus, chenus, plus que centenaires, appartenant à mon grand-père, aux Acquaviva depuis des générations. Je baissais la tête, je sentais obscurément que je leur faisais honte ; ils me jugeaient indigne de devenir un jour, à mon tour, leur maître. J'ai erré pendant des heures sous leur ombrage offensé, espérant d'eux malgré tout un signe de tendresse, d'indulgence, peut-être un pardon. Rien n'est venu : ils sont demeurés muets, impitoyables. La nuit était tombée ; c'était la pleine lune et si j'avançais sans peine dans le clair-obscur, je ne savais pas où j'allais. Je ne pensais à rien, je n'avais rien ni personne à qui penser : le trou noir était né. Le Népal, lui, était mort, de mort subite ; au cours des années, au fur et à mesure que je m'éloignais de l'enfance, il s'était progressivement atténué comme le filet d'eau d'une fontaine qui se tarit mais coule encore, insensiblement réduit à un conte qui continue à enchanter et attendrir alors qu'on n'y croit plus tout à fait. Dans l'instant, il avait disparu. À jamais. J'étais devenu amnésique, privé de toute mémoire de mes parents.

J'aurais pu éprouver un sentiment d'abandon, me ressentir victime. Or, ce n'était pas le cas : je me découvrais coupable, unique coupable de cet état : ma naissance avait été un drame, une faute, un malheur pour ceux qui m'avaient mis au monde, pour ma famille, pour son entourage. Je portais à moi seul le poids et la honte de cette venue à l'existence qui les déshonorait aux yeux du monde, avait conduit ma mère, et peut-être mon père, à fuir, à disparaître, peut-être à mourir ; mon grand-père, Vanina, les gens du village, tous, à s'enfermer dans le mutisme, à taire toute évocation, si faible soit-elle, de cet événement, à en faire un grand secret, interdit qu'il était d'en parler pour ne pas subir l'opprobre, ne pas souffrir, ni faire souffrir...

Je souffrais. Je sentais quelque chose qui saignait quelque part en moi et que je n'avais jamais éprouvé. Je connaissais la douleur du genou écorché ou de la piqûre de guêpe. Cette souffrance-là si intérieure, si profonde, je ne la connaissais pas : un trou creusé en moi, jamais comblé, un poids pesant sur mes épaules, jamais reposé ; immenses, infinis, pour la vie et au-delà – éternels.

Je marchais, je marchais... je me retrouvai devant la bergerie de Conrad. Les fenêtres étaient ouvertes comme pendant la journée. Conrad ne fermait jamais rien. Il disait qu'il n'avait rien à voler et que, d'ailleurs, il n'y avait pas de voleurs en Corse, ce qui était vrai à cette époque. J'ai poussé la porte, je suis entré. Le chien de Conrad est venu me flairer sans gronder. Il m'a léché la main en signe de reconnaissance et il est retourné se coucher. J'ai poussé une autre porte. La lumière douce de la lune éclairait un lit. Conrad dormait. Ses cheveux sur l'oreiller luisaient comme une patine de cuivre. J'étais toujours étonné par leur blondeur si étrangère à notre village. Son visage d'homme immobile dans le sommeil avait une netteté de pierre. Etendu à plat sur le drap, torse nu, on eut dit un gisant taillé vivant dans le marbre. Sa poitrine et ses épaules se soulevaient lentement au rythme de la respiration. Il en émanait une puissance rassurante. Je me suis assis au bord du lit et je l'ai regardé longuement. À mesure que le temps passait, sans toutefois se combler mon vide recevait une sorte de pluie, d'ondée abondante et douce, silencieusement apaisante, qui créait un mieux-être, une bienfaisance comme un baume sur une plaie.

À un moment, Conrad a remué dans son sommeil. Il a ouvert les yeux, m'a aperçu. Il m'a regardé sans surprise, à croire que c'était naturel que je sois là, en pleine nuit, assis sur son lit. Conrad était un homme calme, d'une maîtrise à toute épreuve. Rien ne trahissait jamais sur son visage, dans ses mouvements, ce qui pouvait l'émouvoir ou l'étonner. Il me regardait : j'ignore comment cela a pu se faire sans échanger une parole, mais j'ai su qu'il avait compris. Sans doute savait-il lui-même ce qu'apparemment tout le village savait, que j'étais le seul à ignorer. À l'instant où il m'avait aperçu, il avait compris que je venais de l'apprendre. J'aime à me souvenir qu'il n'y eut dans son regard ni lueur de pitié, ni embarras. Uniquement une bonté d'homme, forte et sereine, qui prenait en compte mon état tel qu'il était, sans angoisse ni faux-fuyant. Il a dit tout bas : « Petit ! », cela signifiait qu'il était là pour moi, présent, bienveillant. Alors je me suis jeté contre lui. Je me suis blotti comme un enfant, l'enfant que j'étais encore. Il a refermé ses bras autour de moi et il m'a gardé là dans l'immobilité et le silence de la nuit. Je ne puis exprimer ce qui m'a envahi. La paix, le bonheur ? Cela me paraît insuffisant. Je changeais de monde, j'étais protégé, j'avais trouvé un abri. Son corps m'infusait une force, une chaleur inconnues. Je n'étais plus bâtard, je n'étais plus orphelin. J'avais un père, une mère, j'avais tout. J'étais comme tout le monde ; il n'y avait plus de déchirure, plus de trou noir, plus de poids.

Soudainement j'ai joui. C'était la première fois ; je n'avais pas été précoce et je ne comprenais pas ce qui m'arrivait. Je ressentais un trouble mêlé d'émerveillement et de honte. L'émerveillement était le plus fort et je n'osais pas bouger par crainte que ne s'évanouît cet état nouveau ou que Conrad n'en profitât pour me repousser. Mais il ne me repoussait pas ; il n'avait pas desserré ses bras. Il demeurait présent comme avant, confident placide de ma découverte. Les gens du Nord ont devant les choses du sexe une attitude simple. Ils semblent penser : C'est la nature. Ils n'y mêlent pas ce sentiment de sacré ou de sacrilège qui nous hante et nous épouvante, nous Latins. Ainsi Conrad ne s'est ni ému, ni indigné. Il ne s'est pas non plus montré complaisant. Un peu plus tard, quand il m'a senti calmé, détendu, il a posé sa main sur ma nuque, comme pour me dire : Tu vois, tout va bien. Et encore un peu plus tard, il a soulevé ma tête entre ses mains, m'a regardé droit dans les yeux. Il m'a dit :

« Maintenant rentre chez toi »

Il ne me renvoyait pas. Simplement il m'indiquait le chemin, celui que j'avais à suivre, seul, comme lui-même suivait seul le sien. Comme chacun doit le suivre, avec de temps à autre une halte auprès d'autrui quand on ne parvient plus à avancer, qu'on a brièvement besoin d'un appui. Tel était le message de Conrad. Tel aurais-je dû l'entendre. Je n'ai pas su le faire : je suis tombé amoureux de Conrad. Sans doute l'étais-je déjà. Pourquoi sinon, dans ma détresse, aurais-je instinctivement pris le chemin de sa maison et y serais-je entré comme le seul lieu au monde où je pouvais trouver asile ? Un homme ne tombe pas amoureux d'un homme : c'est un postulat. Il était ancré dans ma tête comme le ciel est bleu, les nuages sont blancs, les chats miaulent, les chiens aboient...Mais l'âme humaine se fout des postulats ! À l'âge que j'avais, ignorant et innocent, on peut tout confondre. Les tabous brouillent les pistes plus qu'ils ne les balisent, et l'on ne voit pas que l'on s'engage sur une voie interdite. Ensuite il est trop tard pour rebrousser chemin.

Oui, j'ai aimé Conrad et je n'en étais pas conscient. Je croyais ressentir pour lui de l'admiration et de la gratitude. Fichtre ! c'était bien autre chose ! En vérité je lui avais fait l'amour et je ne savais pas le reconnaître. Obscurément je désirais recommencer, retrouver l'état de paradis découvert auprès de lui, là où il n'y a plus homme, ni femme, ni père, ni fille, ni mère, ni fils...du moins selon la Bible, et cela m'arrangeait.

Pour retenir son attention, j'ai redoublé d'efforts quand il m'entraînait à nager, multiplié les prouesses à cheval. Je voulais qu'il m'aime comme je l'aimais. Mais je n'ai jamais tenté de m'approcher à nouveau de lui, action non seulement interdite mais impossible : elle aurait tout corrompu, et cette fois-ci, il m'eût fermement écarté. Conrad n'avait pas la chair faible ou indécise ou invertie. S'il en avait eu le désir, rien ne lui aurait été plus facile que de me séduire. Je pense qu'il le savait mieux que moi-même. Mais le mal était fait. J'étais séduit sans le comprendre et sans qu'il y fût pour autre chose que le fait d'exister et d'être ce qu'il était. Je me suis consumé pour lui d'un désir qui n'avait pas de nom et ne pouvant satisfaire ma passion, je l'ai transformée. Faute d'un amant (mot absurde et qui ne me venait pas à l'esprit ; il qualifiait pour moi la seule relation hors mariage entre un homme et une femme), je me suis fabriqué un père et me suis apparemment conduit en fils. C'était une autre manière de me faire aimer. Il l'accepta sans difficulté. Homme sans famille, cela répondait probablement à un instinct profond qui ne s'était pas accompli. Sans doute était-ce la source même de son affection pour les enfants, de l'attention qu'il leur accordait.

Etre avec lui, vivre auprès de lui étaient devenus les buts de ma vie, son seul sens. À la fin de l'été, je devais regagner le collège privé de Bastia où j'étais pensionnaire. Ordinairement j'y retournais volontiers. La discipline n'y était pas sévère ni l'enseignement accablant. Sans me donner beaucoup de peine, j'obtenais les meilleures notes et raflais les premiers prix en fin d'année scolaire. Mais cette année-là, la seule pensée que les vacances auraient une fin, me désespérait. Je ne voulais plus quitter Conrad. J'eus une folle idée qui, miracle ! se réalisa : je demandai à mon grand-père de ne pas retourner au collège et d'engager Conrad comme précepteur :

« Il sait tout ce que je dois apprendre et il le sait très bien : l'allemand, cela va de soi, le grec, le latin, l'anglais et l'italien – n'est-il pas polyglotte ? les sciences naturelles, la physique et la chimie, l'histoire et la géographie. Il lui suffira de connaître les programmes pour préparer mes cours et vous savez, grand-père, que je suis bon élève. J'aurai souci d'étudier. Je suis certain qu'avec lui, je réussirai mon bac aussi bien qu'au collège, et même mieux. Ainsi vous me garderez près de vous ; nous nous verrons tous les jours ; il n'y aura plus ces longues séparations qui me pèsent tant, et à vous aussi, je le sais. Je resterai au village, à la campagne, ce qui sera meilleur pour ma santé et ma croissance que la vie à Bastia. Vanina dit elle-même chaque fois qu'elle en a l'occasion, que sa cuisine me convient cent fois mieux que les pauvres repas du réfectoire. »

Mon grand-père souriait et alla jusqu'à se mettre à rire, ce qui lui arrivait rarement. C'était un homme grave, marqué par les épreuves. Je le juge ainsi aujourd'hui qu'il n'est plus là. Veuf à la naissance de son premier et seul enfant : ma mère. Inconsolable de la perte de ma grand-mère : il ne s'est pas remarié. Souffrant quotidiennement du drame dont il ne guérirait jamais : celui de ma naissance et de la disparition de ma mère, de l'ignorance de qui était mon père ou peut-être pire... de sa connaissance. Il était né à une autre époque, autrement dit sur une autre planète : la France de la fin du 19ième siècle, d'avant la Guerre de 14. Il en conservait les manières inimitables : la discrétion des sentiments et des émotions ; les égards pour chacun qu'il soit de sa classe, domestique ou berger, homme, femme ou enfant ; la rigueur de vie : il ne badinait pas avec le lever toujours très matinal, l'austérité du costume et la tenue à table. On l'appelait Don Michel, ce qui était une marque de considération et de respect. En Balagne, il était, à cette époque encore, le premier des maîtres de l'huile, propriétaires terriens qui possédaient les oliveraies et les moulins à huile, et dominaient cette production. Je portais son prénom. En Corse, le fils aîné porte par tradition le prénom de son grand-père paternel. C'était un signe : je devais être reconnu comme un Acquaviva, même étant le fils de sa fille. Cela explique aussi le silence fait autour de ma naissance : on ne discutait pas les décisions de mon grand-père et seul lui pouvait en avoir décidé ainsi.

Vanina disait qu'il n'avait qu'une faiblesse : moi, qu'il m'adorait et me permettait tout (dans les limites de la bienséance et de la bonne éducation, bien sûr !). Il gardait cependant une distance qu'on pouvait prendre pour de l'indifférence, ce que démentaient une lueur dans l'œil, une expression adoucie du visage, parfois un mot affectueux. Mais le plus souvent son regard triste se posait sur moi avec une sorte de regret que je n'étais pas loin de ressentir comme un reproche : j'existais mais je n'aurais pas dû… Sombre, énigmatique, verrouillé sur le passé, il parlait de tout le reste volontiers bien que sa culture fût plutôt limitée aux choses de la terre : les oliviers, les vignes, les pressoirs, l'huile et le vin, les chevaux et les moutons. Il portait d'évidence une ou des blessures secrètes dont j'ignorerai toujours la nature, qui tenaient peut-être à une faute ou un sentiment de faute. Le jour terrible, l'un des plus terribles de sa vie, qui l'a brisé au reste (il est tombé malade et en est mort), le jour où il a vu brûler ses milliers d'oliviers dans la vallée du Paraso, debout livide et impuissant à la lisière du feu, je l'ai entendu murmurer d'une voix rompue de désespoir et également résignée : « Quel châtiment ! »

À ma supplique, mon grand-père répondit :

« Quelle éloquence, Michel ! Toi, tu seras avocat, le plus prestigieux des métiers, celui qui convient le mieux à un Corse ! Mais n'use pas plus ta salive : il se trouve que je suis convaincu depuis longtemps de ce que tu me dis. Je connais Conrad mieux que quiconque. Le premier je l'ai accueilli au village et je connais son passé. Le seul à le connaître, le seul à qui il en a parlé… mais je n'ai pas le droit d'en dire plus ! Oublie même ces paroles ou, en tous cas, ne les répète à personne. Conrad a en effet toutes les qualités d'un précepteur, d'un excellent précepteur. Un précepteur, c'est passé de mode de nos jours, mais tant pis ! ou tant mieux ! On ne l'appellera pas ainsi, mais professeur ou maître, ce qui est plus noble et lui correspondra bien. C'est en toute confiance et avec satisfaction que je te confierai à lui. Je me réjouis que tu en aies exprimé toi-même le souhait car je n'aurais pas voulu te le proposer. J'aurais craint, le faisant, de te l'imposer sans que tu oses me le dire.

— Oh ! merci, grand-père. Mais pensez-vous que Conrad acceptera ?

— Oui. J'ai quelques raisons d'en être sûr... », me répondit-il dans une phrase un peu sibylline.

Ainsi je ne suis pas retourné au collège et Conrad est devenu mon maître. Je prononce ce mot avec délectation : *mon maître*. Je m'abandonnais à sa volonté, je lui obéissais en toutes choses, je voulais le satisfaire en tous points ; en un mot, j'aurais décroché la lune s'il me l'avait demandé. Il l'avait compris et se servait de cette disposition pour manifester avec douceur une exigence inflexible. Il fallait que je me surpasse, et je me surpassais. Comment crois-tu que j'ai appris à nager comme je nage ? Et tu ne m'as jamais vu monter à cheval ! J'aurais pu faire, dans l'une ou dans l'autre de ces disciplines, une carrière de champion olympique si je l'avais voulu et si les circonstances l'avaient permis. Je dis cela sans forfanterie, sans prétention. Simplement parce que c'est vrai, que le dire est pour moi un hommage débordant de gratitude, une sorte de cri du cœur à celui qui m'a sauvé du désespoir et a forgé le meilleur de moi-même.

Tout ce qu'il était en mesure de m'enseigner, je l'ai sollicité de lui et je me souviens de cette période brève, trop brève, comme la plus heureuse de ma vie. J'étais protégé et j'apprenais cent choses nouvelles, outre les matières du programme scolaire que nous travaillions dans la bibliothèque de la maison, magnifique pièce sur deux étages où il y avait autant de livres que d'oliviers dans nos champs. Naturellement, il m'a appris l'allemand. Il l'a fait d'une manière simple, sans grammaire ni textes littéraires, avec les phrases de la vie courante, répétées chaque fois que l'occasion s'en présentait, et des articles de journaux et de magazines qu'il recevait d'Allemagne. Il m'a appris à chasser, à herboriser, à observer les oiseaux, à connaître leurs noms. Chaque semaine, au moins une fois, nous parcourions à pied ou à cheval le désert des Agriates ou dans la proche montagne, la forêt de Tartagine. Nous en revenions rarement sans gibier et toujours avec des fleurs et des plantes que nous repiquions dans son jardin, herbier vivant qu'il me faisait étiqueter en latin, en français, en allemand à l'aide de livres sur la flore corse. Les nuits d'été, dans les ciels constellés de Balagne, il m'enseignait les étoiles. J'ai reçu ainsi une éducation comme on n'en reçoit plus, à partir de la nature et de la vie. Le collège de Bastia en comparaison, quelle fadaise !

Pourtant avais-je conscience que cette éducation qui m'a profondément marqué et m'est précieuse chaque jour, présentait alors pour moi un intérêt secondaire ? L'essentiel, caché à mes yeux, mon souci quotidien demeuraient de vivre le plus souvent, le plus longtemps possible auprès de lui. Eprouver physiquement sa présence, prendre appui contre son torse quand il m'apprenait à tenir un fusil, sentir la force de sa main au travers de ma botte quand il rectifiait ma position à cheval, observer ses lèvres sous prétexte d'en imiter le mouvement lorsque je répétais une phrase en allemand soulevaient en moi des émotions intenses et imperceptibles. Mon cœur battait à rompre, mais ma main ne tremblait pas. Eperdu, impudent, impudique mais immobile, je le faisais en secret chair de ma chair. Subrepticement je m'imprégnais de lui, j'accaparais son corps, je lui dérobais sa personne. Je tentais de muer mon plomb en or. Son or. Je voulais cesser d'être moi, je voulais devenir Conrad. Œuvre impossible, jeu dangereux, quasi criminel ! Mais qui aurait su m'alerter ? Lui-même n'y voyait-il pas que du feu, tout à la joie d'avoir un élève si docile, doué, inconsciemment un fils ? J'étais bien le bâtard que je voulais cesser d'être, un bâtard roué et persévérant dans son entreprise d'usurpation de filiation, d'emprise sur la personne, de captation d'âme. Ce bonheur, car c'en était un, le plus grand que j'aie connu, bouleversant, florissant de plaisirs cachés, illégitimement intime, ce bonheur a duré trois ans.

Puis Conrad est mort. Brusquement je suis redevenu orphelin, enfant naturel, péché vivant. J'ai appris la nouvelle sur la place du village, une fin d'après-midi. Les vieux jouaient aux boules et les jeunes au ballon. Quelqu'un est arrivé, a chuchoté à l'oreille de quelqu'un d'autre. Le chuchotement s'est propagé. Au fur à mesure qu'il progressait, je voyais chacun se figer à tour de rôle à la place où il se trouvait jusqu'à ce que tout mouvement s'arrêtât. « Que se passe-t-il ? », ai-je demandé vaguement inquiet. Un joueur de ballon m'a répondu : « Corrado est mort. Il s'est noyé à Peraiola ». Corrado... son nom à la corse, le joli nom chantant que le village lui avait donné, témoignant ainsi qu'il l'avait fait un des siens. Ce que j'ai ressenti sur l'instant est peu ordinaire. Il n'y eut soudain que des étrangers autour de moi. Les gens de mon village, je ne les reconnaissais plus. J'aurais pu les appeler par leurs noms, mais leur nom n'avait plus de signification. Ils ne m'appartenaient plus ; je ne faisais plus partie d'eux. Je me trouvais à l'écart, définitivement. Il n'y avait plus de ciel, plus de soleil, plus de village ; il n'y avait plus de vie. *Corrado est mort*... Dans nos maisons, on arrête les pendules quand quelqu'un y est mort. J'étais devenu moi-même une maison creuse aux pendules arrêtées.

Je me suis dérobé sans bruit, sans hâter le pas, prenant soin de ne pas susciter l'attention, de n'avoir à parler à quiconque. Parvenu à l'endroit où on ne pouvait plus m'apercevoir, je me suis mis à courir. Pour éviter de rencontrer mon grand-père ou Vanina, je suis entré dans la maison par une porte inusitée, et j'ai gravi comme une ombre les volées d'escalier pour atteindre le grenier. Là-haut j'étais loin de tous, enfermé dans la pénombre derrière les murs épais, protégé par les étages inhabités en dessous de moi. Je pouvais hurler, me rouler par terre ; je pouvais me pendre. Personne pour me voir ni m'entendre. On ne s'inquiéterait pas de mon absence au dîner. Cela m'arrivait parfois, bien que ce fût inconvenant, de ne pas prévenir que je mangeais chez des voisins ou avec Conrad à sa bergerie. Mon grand-père me rappelait à l'ordre le lendemain pour la bonne forme. Je suis resté là le soir et la nuit, prostré contre une poutre affleurant le plancher, écoutant le *libecce*, le terrible vent de la Balagne qui soulève la tempête, attise les feux des bergers et brûle les oliviers. Il s'était levé à midi et soufflerait trois jours ou six ou neuf ; jours de mort, jours de deuil. Il avait tué Conrad. J'ai pleuré. Pour la première vraie fois de ma vie. Pleuré jusqu'à l'épuisement, au tarissement, au mal de tête, presque à la syncope. À l'intérieur de moi, le trou noir était revenu. Il ne devait plus me quitter.

Je ne suis pas allé à l'enterrement de Conrad. J'avais peur de moi-même, de pleurer à nouveau, devant tous. Je ne pouvais surtout supporter l'idée de voir le cercueil, de savoir qu'il était dedans, de le voir descendre en terre. Il fallait qu'il reste vivant quelque part. Au fond de moi ou ailleurs. Un ailleurs vague, non situé, mais où il vivait. Aucune image parasite ne devait venir troubler cette certitude. Conrad a vécu en moi depuis ce jour… Je nage avec lui, je monte à cheval avec lui, je parle allemand avec lui, je travaille et voyage avec lui. Je suis comme une veuve – pas un veuf, car les veufs le plus souvent se remarient. Comme une veuve, j'attends immuablement qu'il ouvre la porte ou apparaisse au bout du chemin.

Quelques jours après, j'ai appris les résultats du bac : reçu avec mention Très Bien. Conrad n'était plus là pour en partager la joie et prendre sa part des félicitations. N'était-ce pas lui qui m'avait mené à ce résultat ? Mon grand-père avait prévu une petite fête à la maison, un dîner avec lui où on boirait le champagne. Cette fête n'eut évidemment pas lieu. Quand j'ai reçu mon diplôme, j'ai mis en poche le pompeux papier raide au cadre gravé d'allégories et me suis rendu pour la première fois sur la tombe de Conrad. J'avais obtenu sans peine de mon grand-père qu'on l'enterre sous un grand chêne isolé dans le jardin de la bergerie, auprès de son herbier. C'est une coutume chez nous d'enterrer parfois les morts hors des cimetières, sur une terre qu'ils ont aimée. Ainsi la Corse est-elle parsemée de tombeaux, de mausolées en des points remarquables dominant le paysage ou plus discrets enfouis sous le feuillage des arbres. Un monticule de terre fraîchement retournée marquait l'emplacement, dominé par une couronne et quelques bouquets de fleurs fanées. J'ai ramassé le tout, l'ai jeté dans le Paraso, puis me suis assis dans l'herbe à côté de la tombe.

J'ai sorti de ma poche le diplôme ; je l'ai lentement froissé en veillant à ne pas le déchirer et en l'humectant de ma salive. Quand il fut réduit à une sorte de boule humide et grise, j'ai creusé dans le monticule avec mes mains, aussi profond que je le pouvais. Dans le trou ainsi formé, je l'ai déposé. J'ai rabattu la terre et suis resté là longtemps à contempler le monticule. Mon diplôme, je le lui dédiais ; comme lui, il deviendrait poussière et par le jeu des eaux souterraines, peut-être gagnerait-il l'humble bois de son cercueil. Je me suis promis quand la terre serait reposée, de venir marquer la tombe d'un rectangle de pierres ramassées aux alentours. Rien d'autre, aucun monument, aucune plaque, pas de nom. Peut-être une croix à même le sol, au haut du rectangle, en pierres des alentours elle aussi. Le village l'avait enterré à l'église sans se préoccuper de savoir s'il était catholique ou même croyant alors qu'il n'allait pas à la messe. Pour le village, ça ne faisait pas question : un homme si bon, si droit, si généreux, si fort et plein de paix pouvait-il être sans Dieu ? Non, et il n'y avait pas d'autre église que notre église, ni d'autre prêtre que notre curé.

À l'automne, je suis parti à Aix faire des études de Droit et de Lettres. J'ai découvert une ville merveilleusement belle bien que négligée par ses édiles et ses habitants, une des plus belles de France. J'y ai vécu en apparence la vie facile et légère des étudiants de cette époque. J'ai couru les filles et les cafés. Je ressemblais à n'importe quel autre. On ne savait rien à Aix de ma naissance, mais je portais un nom corse reconnu et beaucoup de familles corses étaient établies en Provence. Cela m'ouvrait les portes de la bourgeoisie provinciale qui ne parle jamais d'argent, qu'elle en ait ou n'en ait plus, et transmet à ceux qu'elle considère comme siens une manière de vivre souvent plus subtile qu'il n'y paraît.

J'ai connu ma première liaison, sensuelle et secrète : la femme allemande d'un chirurgien recru de travail, de dix ans son aîné, un époux qu'elle ne voyait presque pas et qui ne lui faisait pas d'enfants. Elle était née à Aix-la-Chapelle, lui à Aix-en-Provence ; on les appelait « les Ex », ce qui était follement original… Elsa ne travaillait pas ; sa seule charge était d'organiser chaque mois un dîner de douze couverts ruisselant de cristal et d'argenterie pour des confrères de son mari et leurs épouses. Elle me cachait le week-end dans un mas du Luberon où elle m'emmenait dans un merveilleux cabriolet Mercedes dont elle m'abandonnait le volant. Elle était la fille d'un peintre célèbre et peignait elle-même ; c'est elle qui m'a appris la peinture ; nous passions des après-midi entiers à peindre le même paysage ; le soir venu, nous comparions nos toiles. Nous nous parlions en allemand. Elle appréciait que je parle sa langue – la langue de Conrad, et s'attachait à en perfectionner ma pratique. Sa voix avait l'accent troublant de Romy Schneider avec laquelle elle cultivait une ressemblance.

Elle était belle et experte. « Tu es le plus bel homme que j'aie jamais eu, mais je dois te faire l'école : tu ne sais rien », me disait-elle.

J'ai vécu avec elle des heures délirantes au cours desquelles elle m'a enseigné les gestes de l'amour les plus inavouables. Elle aimait faire l'amour en musique ; j'ai avec elle parcouru une grande part du répertoire classique, sauf Bach. Il est vrai qu'il ne se prête guère à un tel usage et, de plus, un fond de religion lui avait créé cet interdit. Grâce à elle je suis devenu un archétype du *latin lover*, l'amant latin. (On nage en plein Sautet… mais c'est la vérité !). Un jour, elle m'a dit : « C'est fini, Michel », et je ne l'ai jamais revue. Quelques mois plus tard, elle mettait au monde l'enfant que son mari s'était enfin décidé à lui faire. Je pris sans regrets d'autres maîtresses.

Auprès d'Elsa, chez ceux où j'étais reçu étudiant, fils d'une famille du même monde, et à l'université, j'ai acquis une seconde culture. J'ai complété l'éducation villageoise et austère de mon grand-père, poursuivi l'enseignement de Conrad, réussi mes examens. J'ai découvert au festival d'été, les opéras de Mozart que chantait Theresa Stich-Randall, voix transparente prouvant qu'en art existe la perfection. J'ai appris à m'habiller, à jouer au bridge. J'ai assimilé les finesses de la conversation méridionale et aussi ses ficelles. Je me suis appliqué à danser mieux que tous.

Il me fallait séduire, toujours séduire… Je n'ai négligé aucun effort pour y parvenir car au fond de moi, l'insulte ineffaçable résonnait à nouveau sans pause et sans pitié : *Bastardo ! Bastardo !* Si la présence invisible de Conrad me soutenait, si je continuais à m'appuyer secrètement sur lui, il n'avait pas moins disparu à mes yeux et dans ma vie. Le trou noir et le poids de la honte ne s'estompaient plus comme au temps de sa présence, ne se dissimulaient plus derrière moi comme un objet délaissé. Il me fallait à nouveau et sans relâche tenter d'effacer ma tache originelle, me relever de l'infériorité où elle me jetait. Pour y parvenir, je devais devenir le meilleur, apparaître le plus beau. Séduire, toujours séduire…

J'y parvenais sans en être pour autant rassuré et, contradiction, en méprisant l'admiration qu'on se mettait à me porter. Elle me déconcertait. Quand je la subissais, j'étais involontairement tenté de regarder derrière moi pour chercher celui à qui elle s'adressait. Je considérais à priori que ce ne pouvait être à moi, que mes admirateurs se trompaient de cible. Les filles me disaient, énamourées : « Mon Dieu ! que tu es beau ! Le sais-tu ? » Je leur répondais : « Non, et je m'en fous ! » C'était presque vrai : ça ne m'était pas indifférent mais j'en étais gêné. Je découvrais que ce que je recherchais – et obtenais, n'était pas ce que je désirais : un père et une mère, comme tout le monde, la norme, l'inaccessible... Cela ne m'empêchait pas de me servir de mes succès comme d'un instrument – sans vergogne, parfois avec cynisme, et de continuer à séduire, de recommencer sans cesse car un jour, une fois, peut-être... je serais enfin comblé, guéri, reconnu conforme. Démarche épuisante et perpétuellement renouvelée. Au fond de moi, une faille me tailladait qui ne pouvait se refermer : *Bastardo* !

Seul Conrad avait, si peu de temps, si brièvement, rompu le cycle... Il était parti et pourtant, il demeurait là, caché. J'attendais qu'il se montre.

Et il se montre. Cela se passe comme dans l'évangile : *Veillez, gardez votre lampe allumée car vous ne savez ni le jour, ni l'heure ; il viendra comme un voleur.* Il vient comme un voleur ; ma lampe est en veilleuse, mais je pense à autre chose. J'assiste le capitaine aux côtés du colonel. On affecte les nouveaux. En face de nous, une masse confuse d'hommes kakis, exténués. Je n'y distingue personne. Ils m'indiffèrent ; la laine est la même sur le dos de tous les moutons. J'ai assisté trois, quatre fois à cette opération, et ce qui importe, ce n'est pas le décompte auquel nous procédons, mais mon image dans les têtes réduites de notre petit état- major. Je contrôle mes gestes. Le colonel terrorise tout le monde, mais il apprécie que je n'aie pas peur de lui. Nous sommes corses tous deux ; je porte un nom devant lequel intérieurement il s'incline et auquel il se flatte de commander. Cela crée une affinité, pour moi une prérogative qui ne doit pas affleurer afin de ne pas susciter les jalousies. Sans être lèche-bottes, il faut me montrer déférent à l'égard des officiers et adjudants, les maintenir sans les indisposer dans la crainte que ma faveur leur inspire. Tout un art qui accapare mon attention, un théâtre où je marche sur un fil.

Soudain dans ce mur en trompe-l'œil, une brèche de lumière : *Conrad.*

Conrad au cœur de la masse indistincte, qui s'en détache et la noie dans un éblouissement. Est-ce tout à fait son visage ? tout à fait son corps ? C'est son regard, c'est son âme, son mouvement. Conrad revenu, solide, calme, rassurant avec toutefois je ne sais quoi d'incertain, d'inachevé. Conrad réincarné, mais pas encore tout à fait… Conrad plus jeune que Conrad et qui m'appelle à l'aide. Bien sûr, je vais courir à son secours ! bien sûr, je vais faire pour lui ce qu'il a fait pour moi ! et au-delà s'il le fallait et si c'était possible ! Mon propre regard t'a saisi et ne te quitte plus. Un mot en aparté à dire à l'instant opportun au capitaine : « Il manque un sous-officier au Bureau des Transports ». Ton destin est noué.

Je t'avais capturé comme un cheval au lasso et je n'ai négligé aucun effort pour te garder dans le champ où je t'avais emprisonné. Cette captivité ne te pesait pas. Elle te protégeait ; à l'extérieur, tu avais peur. Je te tenais à ma merci et, comble des choses, tu m'en remerciais. Je t'avais nuit et jour en ma possession. Je te gardais, te regardais avec une sorte de faim sans frein. Tu l'ignorais mais tu n'étais plus David Norbier. Tu étais Conrad. C'était Conrad qui marchait dans la chambre, dont j'entendais la respiration dans la nuit, qui répondait à mes questions de sa voix au timbre inchangé, l'accent en moins, ce qui me troublait comme une anomalie.

C'étaient son regard qui se posait sur moi, ses cheveux ondoyants qui dépassaient du drap ou se réfléchissaient dans la glace le matin. C'étaient son visage hâlé du hâle des blonds qui ne rougeoient pas au soleil, sa carrure, sa force, sa taille, sa pesanteur qui l'enracinaient comme un chêne dans le sol. Un chêne plus jeune mais de la même race – D'où tirent-ils cette ressemblance tribale ? me demandais-je. Des Goths ou des Burgondes, peut-être, qui leur ont légué leurs traces génétiques après plus d'un millénaire de mariages dans les mêmes villages.

Ainsi par miracle, grâce à ta présence, je revivais avec Conrad. Avec une différence, un retournement : il était devenu fils et j'étais père. Qu'importait ! c'était toujours le même lien. Je n'étais plus sans famille. Un fils vous rend fort et vous rassure comme un père. Le bâtard était à nouveau effacé, lavé de son péché, rené légitime… Un fils dont il fallait achever la croissance pour qu'il devienne tout à fait Conrad. C'est pourquoi j'ai voulu dépouiller ton silence de tes peurs, guérir ton complexe d'infériorité, ton manque de confiance en toi qui de même que l'accent, te différenciaient encore de lui. Pour un peu, je t'aurais appris l'allemand afin de retrouver dans ta voix les inflexions de la sienne ! Dans un roman de Jules Verne, « Le château des Carpathes », un ingénieur fou invente un automate de cristal, réplique parfaite d'une cantatrice morte qu'il a passionnément aimée, qui lui en restitue la forme et la voix fascinantes. En te remodelant selon mon rêve insensé, je recréais Conrad.

De même je voulais t'insuffler une part de moi-même que je considérais comme la meilleure, celle acquise par éducation : une manière de vivre et de penser, de voir et de juger. Il fallait que tu deviennes parfaitement Conrad et parfaitement moi-même. Et ce faisant, un autre, toi qui m'échapperais un jour, comme tout fils… Je ne me le cachais pas, et tout en en souffrant déjà, je m'en réjouissais : manière de donner la vie, d'être père, faute de pouvoir ou vouloir l'être autrement. Instinct primordial, celui de reproduire, auquel personne n'échappe ; il n'est pas œuvre humaine qui ne procède, au moins pour une part, de cette nécessité.

En cela où se mêlaient le pire et le meilleur, je trouvais un sens à ma vie, une exultation, un bien-être comme lors d'une convalescence après une longue maladie. Le bien et le mal collaboraient en moi sans s'exclure ainsi que dans les religions indiennes.

Sur la plage, dans la nuit, je découvrais soudain lucide les motifs de mes actes. Dans cette œuvre subreptice, intolérante pour ne pas respecter ton droit à être simplement toi-même, j'avais à la fois trop bien réussi et complètement échoué. Proie facile et inconsciente, je t'avais dévoré plus que nourri. Certes j'avais pu sans remords éprouver une forte satisfaction à mesurer tes progrès. Tu redressais la tête, ton visage s'éclairait d'une intelligence plus active, tu t'exprimais plus facilement, ta démarche s'était libérée, ton corps s'était assoupli. Tu ajustais mieux tes vêtements fussent-ils militaires, te tenais à table avec une aisance nouvelle. Détails peut-être que tout cela mais qui révélaient ta progression intérieure. Mes incessantes leçons, la puissance de l'imitation, le souci de m'égaler t'avaient conduit à ce résultat dont je pouvais m'attribuer, au moins partiellement, le mérite. Mais je m'abusais moi-même en me persuadant que je t'apportais ce qui te manquait et que j'étais en mesure de t'offrir. Je me justifiais à mes propres yeux, et aussi aux tiens. Quelle comédie nous pouvons jouer inconsciemment afin de se tolérer soi-même et se faire accepter par les autres ! En vérité, tu étais Conrad revenu. Et c'est tout, rien d'autre. Mais pour tromper ma vieille morale, pour qu'elle ne me traite pas de menteur, ni de suborneur, je devais lui inventer des histoires : j'étais utile et généreux, je donnais sans compter, sans espoir de retour…

Balivernes ! La vérité, j'aimais Conrad désespérément. Comme l'ingénieur de Jules Verne avec son robot de cristal, j'avais trouvé en te modelant un ingénieux moyen de reconstruire l'objet de ma passion. Et voici que cet objet que j'avais mis tant de soins à parfaire, je le détruisais. Tu étais en voie de devenir plus moi-même que Conrad. Ce que j'éprouvais pour Conrad, voila que tu étais proche de l'éprouver pour moi ! Comme moi, ne devenais-tu pas amoureux d'un homme ? Voilà à quoi avait servi mon pouvoir de séduction car j'en avais usé sans retenue pour obtenir de toi une soumission sans conditions à mes exigences. Je m'épouvantais de ce que j'avais fait : de quel droit m'étais-je ainsi emparé de toi et avais-je pris le risque d'infléchir le cours de ta nature et de ta vie ? le même mauvais levain qui m'avait à mon insu empoisonné, t'empoisonnait-il à ton tour ? était-ce de mon fait seul ou était-ce en toi latent?

J'en pleurais. J'en pleurais ?... sincèrement, était-ce à cause de cela seulement que je pleurais, moi qui ne pleure jamais ? Sincèrement non. Ce que j'avais obscurément désiré, désiré du plus profond de moi-même, sans doute inconsciemment me l'avais-tu offert et je l'avais refusé. Je ne l'attendais pas, je ne l'espérais pas, j'y avais renoncé. Bien plus : je ne l'avais jamais voulu parce que c'eût été détruire irrémédiablement Conrad. Parlons clair : je n'étais pas pédé ! j'aimais les femmes.

Mais Conrad, et toi son substitut, son successeur… je ne sais comment t'appeler, vous étiez au-delà des femmes, au-delà du sexe ! mais le sexe s'en mêlait parce que je vous aimais au-delà de tout, dans un désir de possession qui brise toutes les limites, tous les tabous ! Ce désir irréductible et impossible à assouvir, je l'ai combattu en vain. Cent fois je l'ai tué, cent fois il renaissait. On ne se tue pas soi-même, ou une fois seulement, et il était devenu moi-même. Il était le sang qui coulait dans mes veines, un sang maudit ! L'anéantir n'était possible que si je m'anéantissais, et cela je ne le pouvais pas – je crois que tu l'as constaté aujourd'hui… Quelle souffrance !

Toi, qu'as-tu su de tout cela ? Qu'as-tu compris ? Te souviens-tu seulement de cette nuit ? Si tu t'en souviens, cela te perce-t-il de regrets ou bien crée un effroi que tu caches et repousses ? Vaines questions dont je n'attends plus de réponse. Cela t'appartient, à toi seul. Je m'en irai sans savoir. Mais mon secret espoir demeure d'avoir, en refusant, évité que tu ne bascules dans le sombre univers qui est le mien. Ce que j'ai entrepris ensuite, et jusqu'au crime que j'ai commis, auraient au moins écarté ce malheur.

C'est à cela que je pensais sur la plage : écarter ce malheur. En était-il encore temps ? Pour détourner une attirance qui risquait de devenir irréversible, pour n'avoir pas à refuser à nouveau et à nouveau souffrir ; pire : pour ne pas finir par succomber ; et au fond toujours le même ressort secret : pour que tu demeures Conrad, j'étais prêt à tenter l'impossible. Prêt à relever n'importe quel défi, à n'importe quel prix. Prêt à descendre aux enfers s'il le fallait ! N'y étais-je pas déjà ?

Tu le comprends maintenant : c'est alors que j'ai pensé à Djamila. S'il était possible de réparer, elle réparerait. Qui mieux qu'elle, femme parmi les femmes, était capable d'écraser le serpent qui sortait de l'œuf ? Elle était belle, Djamila. Suprêmement belle. Elle ignorait elle-même à quel point elle était belle. L'eut-elle su, et voulu, qu'elle eût pu bâtir sur cette beauté une carrière, car elle était aussi comédienne, et quelle comédienne ! Depuis ce temps de notre vie, depuis dix ans, j'ai parcouru le monde. Pas une seule fois, je crois, je n'ai rencontré une femme d'une égale beauté, aussi troublante, d'un magnétisme aussi puissant. Mon métier m'a souvent conduit dans le milieu du cinéma. J'ai côtoyé les stars. À Hollywood, j'ai trouvé les américaines fades sous leur maquillage et leur cheveux oxygénés. À Cinecità, peut-être certaines italiennes… ou en Inde ou au Liban, une femme, non plus dans les studios de cinéma mais apparue inopinément n'importe où, dans la rue ou le hall d'un hôtel, me paraissait descendue d'un olympe inconnu. Peut-être ma mémoire et ma sensibilité m'abusent-elles ? Ce qu'on a vécu trop intensément nous interdit sans doute de ressentir à nouveau les mêmes émotions.

Djamila, belle comme une reine orientale…Djamila n'était à mes yeux – pardonne-moi de le répéter, reste calme, ne dis rien – qu'une fille de Constantine prostituée par les fells dans un minable et peut-être sanglant trafic d'espionnage. Djamila, j'ai cru pouvoir m'en servir, moi aussi, comme d'un instrument. Je jouerais de notre parenté méditerranéenne, de notre étrange ressemblance : n'était-elle pas en femme ce que, peu ou prou, j'étais en homme ? Ne pourrais-je habilement la conduire, en infléchissant vers elle ton attirance pour moi, à te détourner de ce qui portait à te corrompre ? Mon esprit perverti demanderait à cette femme d'assumer une brève mission, une mission de passage – n'ayons pas peur, disons le mot : une passe ! Elle aurait à accomplir une action purement biologique, si l'on peut dire... : réorienter dans la bonne direction tes tropismes égarés. Je l'achetais comme une machine pour une tâche donnée, ensuite je la jetais ! Ainsi, pour réparer un crime, j'en commettais un autre. Et je n'en finirais plus de commettre des crimes.

Mais Djamila était une femme comme toutes les femmes, ce que j'avais voulu oublier. Une femme, quelle qu'elle soit, ne se laisse vraiment acheter et encore moins jeter... Avec une rage intérieure d'autant plus forte que je ne pouvais d'aucune manière l'exprimer, moi si sûr de mon pouvoir de faire et de défaire, de maîtriser les circonstances, de plier à ma volonté qui je veux, je l'ai vue échapper à mon emprise sans peine et sans crainte. Elle a déjoué mon plan et s'est emparée du grand niais, autre machine que je croyais aussi pouvoir utiliser à mon obscur dessein, toi.

L'angoisse, l'impuissance, la haine se sont disputé mon cœur, mon esprit et jusqu'à mes membres. Physiquement j'en tremblais. Je me réveillais la nuit, transpirant de fièvre. Mes jambes fléchissaient quand je traversais la cour. Je ne nageais plus trois brasses sans m'épuiser. Mon affabilité que je croyais naturelle, qui m'avait valu l'estime générale, avait fondu. J'apostrophais les serveurs du mess, les secrétaires de l'état-major, les chauffeurs. Pour une tasse renversée, un coup de téléphone oublié, un camion malpropre. Les officiers, en dépit de leur grade, n'échappaient pas à ma vindicte. Je mesurais dans leur regard interloqué, le degré d'arrogance de mes répliques, et leur soudaineté. Le colonel lui-même en fut une fois la victime. Il me le pardonna parce qu'il n'y avait pas eu de témoins et que je veillai à ne pas récidiver. Tout le monde peut avoir un coup de lune, a-t-il dû penser. Il tonna puissamment, me fit mettre au garde-à-vous, exigea des excuses, me tourna le dos et n'en parla plus.

Toi, le seul à ne pas t'être aperçu de mon changement de comportement, tu vivais enivré à longueur de jour, indifférent à tout ce qui n'était pas ton extase intime ! Tu dérivais au loin à une allure forcée, forcenée, tu allais disparaître… Je piétinais sur place, désespéré ; il fallait pourtant, à tout prix, que je te rejoigne, te regagne, te reprenne ! C'est ainsi, c'est pour cela que Djamila a été condamnée. Sans pitié, presque sans hésitation.

Imprudente, excessive – c'était sa nature, elle se jouait de moi férocement, comme d'une fourmi qu'on affole avec un brin de paille. Elle se découvrait toute puissante, prenait sur moi, sur un homme, les hommes, tous les hommes qui l'avaient soumise, bafouée, souillée, une revanche sans frein et sans limite. Elle en jouissait comme d'un gain inattendu, d'un retour de fortune, d'un coup de hasard mirifique. Son plaisir était centuplé parce qu'il s'agissait de moi. Elle n'avait pas oublié ce qu'elle m'avouait à la pointe de l'étreinte d'une voix rauque et sauvage – et à celui-là, elle pouvait désormais jeter à la face sa nouvelle préférence, son affranchissement, sa libération, sa liberté. Elle le faisait avec une perversité peu commune, une cruauté dont elle ne mesurait pas les ravages.

Devant moi, dans une impudeur totale et calculée, elle se pendait à ton cou, entrelaçait vos doigts, t'enlaçait le corps, embrassait ta bouche. Son regard, dissimulant mal une lueur dure, révélait combien elle demeurait maîtresse d'elle-même en jouant cette comédie de l'abandon. Le visage à l'envers du tien, riant d'un rire assassin, elle me meurtrissait d'œillades faussement entendues, l'air de dire en me défiant : C'est bien ce que tu voulais, n'est-ce pas ? je le fais comme tu le veux, plus que tu le veux, au-delà de ce que tu veux – vois-tu ?

Elle se surpassait, elle exagérait pour m'exaspérer, me porter sur les nerfs, briser ma résistance sans briser mon silence, assurée que je ne pouvais m'exprimer au grand jour. Hier amants, aujourd'hui complices, c'étaient nos conventions : elle les appliquait et je ne pouvais m'insurger. Ainsi croyait-elle m'avoir rendu jaloux d'elle qui ne m'appartenait plus alors que je l'étais de toi qui m'échappais. Elle ne tarda pas à s'apercevoir de son erreur… Les femmes possèdent une perception des sentiments secrets dont les hommes, moins attentifs aux signes, sont généralement dépourvus. Elle comprit, je pense, à mon regard trop obstinément tourné vers toi, à son désarroi, à sa fièvre, au trouble inhabituel de ma voix ce que, sans le savoir, elle m'avait dérobé. Sans doute fut-elle fort surprise et se demanda-t-elle comment j'en étais venu là. Par caprice, par vice comme les grands jouisseurs soucieux de tout connaître, d'aller plus loin, de passer les limites… et qui sont pris à la fin à leur propre jeu ! Elle se trompait, mais que pouvait-elle conclure d'autre ? S'il lui restait un brin d'indulgence, le voilà balayé.

Elle me versa alors l'extrême douceur dont les femmes usent entre elles quand se découvrant une rivale, elles décident de l'exécuter. Elle n'avait pas mots trop gourmands, rires trop suaves, gestes trop caressants pour m'exprimer à couvert combien était grand son triomphe et combien elle m'avait en pitié. Mais l'on ne se rit pas d'un homme comme d'une femme. Une femme à une femme répond de même. Un homme répond avec d'autres armes. La femme manie le poison, l'homme le poignard. La femme vise le cœur, la mort lente du cœur :

Tu vivras, mais le cœur brisé. Quel châtiment pire que celui-là qui vous laisse en vie pour vous faire souffrir la mort ! L'homme est moins cruel : il vise le corps, tue tout de suite.

J'ai voulu la tuer. Je n'en étais pas conscient. C'était un désir imprécis, informulé au fond de moi, qui croissait avec ma haine. Je me suis à nouveau donné de bonnes raisons. Je sais maintenant que je me dupais pour céder d'autant plus vite, avant d'avoir le temps de me le reprocher et de m'en dissuader. Ainsi quand Boualem est venu m'avertir, je n'ai pas songé meurtre mais fatalité : il me fallait te sauver d'elle et j'organisais ma pensée pour qu'elle me dise que je n'avais pas le choix.

Il ne faut jamais humilier un homme, jamais à ce point. Les femmes savent cela. Djamila le savait mais n'a pu résister. Par passion, par orgueil, par démesure ? ou parce qu'elle t'aimait ? Au-delà du mensonge premier, t'a-t-elle aimé ? Elle était amoureuse mais t'a-t-elle aimé vraiment ? Je ne peux pas le dire parce que je ne peux pas tout à fait le croire. Qu'il en ait été ainsi ou autrement, il reste qu'elle a rompu les ponts, passé les bornes, dépassé la mesure...oui, une fois, elle l'a dépassée au-delà de tout ce qui est surmontable. C'est ce soir-là qu'en moi tout s'est accompli.

La nuit de Noël, au Koudiat... t'en souviens-tu ? Oui, tu t'en souviens. Comme de la plus belle nuit de ta vie, évidemment. Moi aussi, je m'en souviens. Comme de la pire. C'est Djamila qui avait prémédité cette soirée à trois. N'auriez-vous pu demeurer seuls les deux ? Non. Elle a voulu m'associer à votre Noël, votre Noël de noces, pour mieux me rôtir sur le gril, sûre que je ne refuserais pas. La garce t'a conduit à me le proposer toi-même, certaine que tu démonterais sans peine, l'innocent, mes objections. Ces objections qui m'arrachèrent une dent à chaque mot prononcé : « Vous préfèrerez être ensemble sans moi… Vous n'avez pas besoin de moi… Ce sera moins plaisant pour vous si je suis là ». Elle savait que je dirais cela et qu'inévitablement tu répondrais : « On ne va pas te laisser seul la nuit de Noël ! » Elle savait que je souffrirais d'être devenu l'invité, qu'ensuite, une fois de plus pris au piège, je souffrirais plus encore.

Elle ne se trompait pas. Je sais ce qu'est l'enfer depuis cette nuit de Noël. Elle m'a offert un huis clos. Le plus humiliant, le plus insupportable des huis clos. Clos à double tour : seuls à trois enfermés entre quatre murs dont pour cause de couvre-feu, il était interdit de s'échapper ; moi tout seul face à vous, hors de vous, hors de toi. Chaque minute me faisait mesurer, longue comme une heure, que tu t'étais enfui, que tu ne m'appartenais plus, que je ne possédais plus rien de toi. Tout était à elle, tu n'étais qu'à elle ! Elle m'en distillait la démonstration avec une application insinuante et cruelle : il y avait vous – il y avait moi. Elle jouait à deux contre un sans répit, sans mi-temps. Jeu épuisant mais, je le reconnaissais à contre cœur, envoûtant spectacle tant elle était belle, désirable, et toi transfiguré. Plus je vous admirais muet, impuissant, plus je me sentais rejeté. J'avais devant moi deux amants qui m'avaient oublié et s'oubliaient eux-mêmes. Leur parade se faisait si intime qu'elle me rendait coupable d'en être le témoin.

Je vous revois : Vous mangez la même olive jusqu'à ce que se touchent vos bouches. Vos lèvres s'aspirent, s'en disputant le noyau… Vous fumez la même cigarette par bouffées échangées. Leurs volutes entrelacent, monogramme aérien, le dessin de ton souffle avec celui du sien… Vous chantez avec un chœur à la radio, « Il est né le Divin Enfant ». Elle n'en sait rien des paroles mais elle a de l'oreille. Mêlé à ta voix grave, son fredonnement sensuel fait à la sainte ritournelle un contrepoint païen… Vous dansez corps à corps, sein contre sein, contresignant sans fin votre attirance et votre accord…

La voici, généreuse, qui soudain se rappelle ma présence : elle se détache de toi, mais seulement à demi, tend un bras vers moi, m'attire jusqu'à vous, t'invite à me prendre à la taille de même qu'elle le fait. Nous formons l'impossible couple à trois.

Râlant au-dedans comme un tigre à la mort, souriant en surface pour qu'il n'en paraisse rien, cœur lourd, pied léger, je danse avec vous. Je reçois contre moi vos chaleurs réunies, vos chairs différentes, ton corps dur, sa peau tendre. Ils exaspèrent mon désir, impuissant que je suis à franchir le cercle de feu où vous vous enfermez. Elle joue à me le faire approcher, atteindre, toucher pour que je m'y brûle en vain et qu'elle jouisse de ma muette douleur. Plus la danse avance, plus vous vous enserrez et m'enserrez moi-même dans cette ronde où je suis et où je ne suis pas. Nos têtes se joignent emmêlant nos cheveux. Nos jambes s'emboîtent dans le même mouvement. Nos hanches se repoussent si fort sans vouloir céder que le point dur de l'os nous en meurtrit la peau. L'étreinte devient si dense que j'éprouve au long du corps une tension adverse bientôt insoutenable. Plus nous nous rapprochons et plus je m'éloigne. Je pense à une corde qu'on tire en sens contraire à chaque extrémité. Je me demande : Quand va-t-elle donc se rompre ? Quand vais-je tomber ?

Et la musique de cette danse diabolique, t'en souviens-tu ? Eh ! oui… *Only you.* Une seconde fois, cette rengaine croisait notre chemin. Après avoir rythmé la fin d'un jour joyeux, elle scandait pour moi son contraire. Comme une pièce de monnaie qu'on a lancée deux fois, elle était tombée pile la première, tombait face la deuxième. Only you, *rien que toi…* Dérision ! Quand je l'entends aujourd'hui, dans ma mémoire la nuit du Koudiat broie le jour de Bône. Je ne puis m'abandonner à l'heureux souvenir sans qu'aussitôt s'y fonde le mauvais. Ainsi je l'aime et je la hais ; elle me séduit et je la repousse. Elle est devenue mon signe de contradiction, le chant de ma vie perdue. Par ma faute. Car je n'oublie jamais le criminel que cette nuit-là je suis devenu. J'en sais précisément l'instant. Ce ne fut pas celui de ce slow doucereux et douloureux immoralement, scandaleusement dansé à trois. J'étais alors trop troublé pour mesurer le degré de ma haine et en percevoir l'aboutissement ; je n'étais pas encore conscient que j'allais tuer. C'était, je l'ai dit, un désir obscur qui durcissait lentement comme un fer chauffé à blanc qu'on a jeté à l'eau. Non, c'est au matin lorsque nous sommes enfin sortis de notre prison, lorsque enfin j'ai échappé à votre étouffoir.

Miraculeusement il avait neigé pendant la nuit. Tu t'en souviens, j'en suis sûr, comme d'une merveille. Moi, je hais la neige. Dans mon pays, enfant, à Valle di Paraso quand exceptionnellement elle apparaissait, je la regardais angoissé s'abattre comme un vol de sauterelles blanches dévastateur et silencieux. J'avais horreur de la toucher. Elle était froide, on ne la retenait pas. Plus je la serrais dans ma main, plus vite elle s'évanouissait, laissant une eau sale et maigre glisser entre mes doigts glacés. Faussement immaculée, hypocritement brillante, elle n'annonçait pas Noël, ni le Sauveur du monde et l'avènement de l'Amour. Elle annonçait la fin de l'amour, la fin de la vie, la fin de l'impossible et de l'inacceptable, la fin de Djamila femme de David. Ne s'était-elle pas posée sur les palmiers qui dépassaient des toits ? Voit-on longtemps les palmiers sous la neige ? À midi, notre soleil du Sud l'aurait déjà fait fondre…

Fondrait de même l'image que vous formiez. Toi le Franc blond n'épouserais pas la sombre Sarrasine. L'histoire, les religions, les mœurs, tout vous l'interdirait. Moi, je l'interdirais ! J'en faisais le serment. J'entendais vos cris joyeux, voyais vos visages éblouis par le spectacle éphémère et superbe. Vous le receviez comme un cadeau de Noël alors que sonnaient aux églises les cloches des premières messes. Cadeau de Noël ! ricanais-je en moi-même. Cadeau d'adieu ! Etrennes de votre dernière étreinte... Vous étiez vous-mêmes la neige et les palmiers, et ne le saviez pas. Vous veniez de vivre votre dernière nuit, vous auriez à vivre bientôt votre dernier jour. Je serais le soleil noir, impitoyable, qui vous désunirait. Elle disparaîtrait et, toi, tu reviendrais à toi, c'est-à-dire à moi. Tu serais à nouveau Conrad revenu.

Brièvement une autre image me traversa l'esprit : N'étais-je pas moi-même l'un des palmiers ? Je chassai vite ce songe impie (prémonitoire), vous rejoignis en souriant. Je demandai à un passant de nous prendre en photo avec l'appareil de Djamila. Je me mis entre vous, les bras sur vos épaules, les palmiers derrière nous. Je savais que nous ne verrions jamais la photo.

J'appris la mort de mon grand-père. Je n'en fus pas surpris : il était malade. Mais le coup fut rude, rendant définitive ma solitude. Je n'avais plus personne. Ma famille avait disparu. Il ne restait d'elle qu'une incertitude épuisante, des questions sans réponse qui me lamineraient jusqu'à ma propre mort : Qui était mon père ? Où était ma mère ? Vivaient-ils ou ne vivaient-ils plus ? S'ils vivaient, vivaient-ils ensemble ou séparés ? S'ils vivaient, pensaient-ils parfois à moi ou m'avaient-ils complètement effacé de leur mémoire ? Le sentiment d'abandon se renforça en moi : je n'avais pas été aimé par ma mère, et mon père m'ignorait ou ignorait mon existence. Ma mère la lui avait-elle jamais révélée… Fils amnésique, fils aux parents inconnus, aux fils rompus dans la lignée qui jamais ne se renoueraient : Bastardo ! le bâtard que ne réhabiliterait plus Conrad disparu. Ni Conrad revenu si une femme, une femme encore, qui le lui avait volé, ne disparaissait pas.

La pensée de mon grand-père faillit cependant me conduire à renoncer. En n'arrêtant pas, d'un mot, le bras déjà levé des tueurs, je découvrais que je le trahissais. Avant mon départ pour la Corse, j'ai voulu le dire ce mot, j'ai voulu te parler, je te le jure. Mais tu n'étais pas là ! Exceptionnellement, tu étais parti pour une mission de deux jours à Alger, une de ces missions absurdes et abusives dont l'Armée a le secret : transporter la cantine d'un général, ce qui réquisitionnait une camionnette, un chauffeur et un sous-officier, à savoir toi. N'aurait-on pu envoyer cette maudite cantine comme n'importe quel bagage par n'importe quel train ! J'ai voulu prévenir Boualem, lui demander d'obtenir un sursis. Dès mon retour, je règlerais cette affaire. Je découvris que Boualem venait d'être muté à un de nos postes dans le djebel. En désespoir de cause, j'ai tenté de joindre Marc. Dans le peu de temps qui me restait (il me fallait prendre le premier avion venu), je n'y parvins pas. Restait Djamila elle-même. Je ne l'ai pas avertie : elle m'aurait ri au nez. J'étais le dernier à pouvoir me faire entendre d'elle : Il me dit cela pour me faire peur et que je quitte David, aurait-elle aussitôt pensé. Le destin parlait ; j'apaisai ainsi mon sursaut de conscience. Je partais pour une semaine. Ce n'était pas long. Sans doute n'arriverait-il rien avant mon retour. Et si l'évènement survenait, ce serait la fatalité. Je n'en serais pas responsable. J'avoue qu'une voix intérieure appelait secrètement cette fatalité-là.

Rien ne se passe jamais comme on l'attend. Djamila disparue, comment imaginer que je n'aurais pas été le premier prévenu ? Je t'avais fait noter naguère, avant même l'entrée en scène de Djamila, l'adresse de Valle di Paraso et le numéro de téléphone de la maison. Le choc reçu, vers qui d'autre que moi te serais-tu tourné ? Je revenais, j'étais là. J'entreprenais patiemment d'apaiser ton chagrin, de faire dériver ton attention et finalement te guérir. J'éprouvais dans cette tâche un sombre et secret plaisir : abandonné à moi, en deuil, peut-être brisé, je te portais à nouveau, je te touchais de mes mains comme un meuble de ma maison, un tableau, un objet dérobé, abîmé mais miraculeusement retrouvé. Je recouvrais d'autant mieux mon pouvoir, mon droit de propriété que tu réapparaissais fragilisé par la douleur et reconnaissant des soins que je t'apportais. Auprès de moi ta convalescence s'ordonnait sans crise insurmontable. Peu à peu tu redevenais Conrad. Et comme Dieu le Père, au septième jour je pouvais me reposer !

Plan pervers et naïf, cynique et optimiste. Je pensais cruellement : On ne meurt pas d'amour pour une p... fille perdue. Combien je me trompais ! On peut toujours mourir pour une femme, toute femme, n'importe quelle femme si on l'aime. Tu as failli mourir. De ce qui s'est passé à Constantine au cours de ces jours terribles, je n'ai rien su, rien pressenti. Je n'étais pas inquiet ; le silence du téléphone était rassurant et je n'ai pas éprouvé le besoin de téléphoner moi-même, sous quelque prétexte, pour me tenir informé.

Il est vrai que j'avais pris du champ. En quelques heures d'avion, j'étais passé d'un monde à un autre, d'un pays en guerre à une île paisible. Je me trouvais brusquement à des années lumière de l'Algérie. Je vivais douloureusement – une autre douleur – la mort de mon grand-père. Je me préoccupais de tout ce qui accompagne et suit des obsèques : la cérémonie, les fleurs, le tombeau, les visiteurs, les condoléances, les remerciements, le notaire, l'ouverture de la succession… J'avais si peu de temps, il fallait tout faire à la fois. Le jour est venu où j'ai repris l'avion. C'est dans cet appareil, alors que je contemplais les montagnes de l'île qui s'estompaient dans le lointain, que ma pensée s'est consciemment tournée vers Constantine, vers ce qui m'y attendait. L'inquiétude perça. Certes, il ne s'était rien produit puisque je n'avais pas été prévenu… mais qu'allais-je faire ? Je me découvrais moins déterminé que le matin de Noël.

J'ai débarqué à l'aéroport l'esprit indécis, physiquement mal à l'aise, la boule dans l'estomac. Surprise : Marc m'y attendait. Il ne connaissait ni le jour de mon retour, ni l'heure d'arrivée de mon avion ; seul le secrétariat de l'escadron avait pu le renseigner. S'il était là à l'aéroport, c'était pour une sérieuse raison. Et il n'y en avait pas trente six. Avant même qu'il ne m'attirât à l'écart des voyageurs, l'angoisse me saisit. L'instant où se pressent la catastrophe, où s'impose l'inéluctable qu'on s'efforce encore de refuser, se marque au fer rouge dans la mémoire et jusque dans la chair. Quand on y songe ensuite, on en ressent la brûlure aussi intensément que si on recommençait à le vivre. Je me suis employé à demeurer debout, rigide, mais je devais être pâle comme une chandelle morte.

Marc savait peu de choses mais tout était contenu dans son bref et brutal message. Djamila avait été victime d'un attentat un matin en sortant de chez elle. Le lendemain tu avais été hospitalisé, peu de jours après rapatrié en métropole par avion sanitaire. Marc était l'un des rares à pouvoir faire le lien entre les deux évènements et supposait qu'en apprenant la nouvelle, tu en avais reçu un choc si violent que tu en étais tombé gravement malade. Il ne t'avait pas revu et ne savait rien de plus.

Il me ramena à l'escadron dans la jeep de la cantine. Avant de parler à quiconque, je me précipitai dans notre chambre. Ton lit avait été défait, les couvertures pliées au bout du matelas, l'armoire vidée de ce qui t'appartenait. C'est à cet instant que j'ai pris conscience de ton absence. Je compris qu'elle serait définitive : tu ne reviendrais jamais à l'escadron, tu ne reviendrais jamais dans cette chambre. Notre temps était fini. Disparaissaient un lien qui tenait aux quatre murs qui nous entouraient, une intimité, une présence, comme une raison de vivre, disparaissait une amitié de celles dont on dit qu'elles ne sont pas différentes d'un amour, disparaissait Conrad perdu et retrouvé… Je le mesurais sans l'accepter, je ne me résignais pas. Je ne pensais pas à Djamila ; aucun remords ne succédait en ces instants aux derniers scrupules d'auparavant. Seul me préoccupait ton sort : Qu'avais-tu éprouvé, qu'avais-tu fait ou que t'était-il arrivé, pourquoi ne m'avais-tu pas prévenu, qu'étais-tu devenu, où te trouvais-tu et dans quel état ? J'entrepris sur le champ de me renseigner. J'interrogeai ici, là, partout. Fil à fil, je parvins à reconstituer la trame des évènements.

Djamila avait été assassinée le matin de l'enterrement de mon grand-père. Je n'y vis dans l'instant aucun signe qui me fût adressé. Simple coïncidence. Tu ne l'avais pas appris le jour même mais le lendemain, de la pire manière : la rubrique des attentats dans la Dépêche de Constantine. Personne ne t'avait prévenu parce que personne ne l'avait su de ceux qui auraient pu le faire, Marc et quelques autres. L'adjudant Portier m'a raconté qu'il était assis en face de toi dans le Bureau des Transports où vous vous trouviez seuls. Il t'avait prêté le journal après l'avoir lu lui-même, comme il le faisait chaque matin. Il te vit te lever blanc comme un linge, le regard absent avec une fixité qui l'inquiéta.

« Ça ne va pas, Norbier ? »

Tu ne répondis pas et sortis de la pièce. Il crut à un malaise passager. Ne te voyant pas revenir, il te fit chercher. On ne te trouva pas. Portier m'a dit :

« Je ne l'ai pas revu. »

On te découvrit errant dans les rues de la ville. Tu tenais toujours le journal à la main ; tu marchais comme une mécanique et ne répondais à aucune question : tu ne parlais plus. On t'emmena à l'hôpital militaire. Un médecin aspirant et un infirmier qui te soignèrent et que je retrouvai, m'ont confié :

« Nous lui parlions. Il paraissait ne pas nous entendre. Nous lui offrions à boire, à manger. Il ne faisait aucun geste pour prendre le verre ou l'assiette. Nous ne sommes pas parvenus à le faire manger. Il acceptait seulement de boire quand nous portions le verre à sa bouche. À aucun moment, nous n'avons entendu le son de sa voix. Il demeurait immobile sur son lit, les yeux ouverts. Il ne dormit que sous l'effet des calmants. Un matin, nous avons appris qu'il s'était sauvé pendant la nuit et qu'une patrouille l'avait ramené. On l'avait mis dans un autre service mieux gardé. Nous sommes allés le voir. Il était toujours aussi inerte. Un vrai zombi. C'était impressionnant. Nous avons appris que le médecin colonel avait pris la décision de le faire rapatrier en métropole. Nous n'avons jamais su ce qui lui était arrivé et ne savons pas non plus ce qu'il est devenu ».

À force d'obstination dans mes recherches, je parvins à retrouver aussi le sous-lieutenant qui commandait la patrouille. Avec ses hommes bardés d'armes automatiques, il traversait en jeep le pont d'El Kantara. Il aperçut une silhouette blanche assise sur la rambarde du pont, les jambes dans le vide. Un vide de deux cents mètres au dessus du Rummel. Il n'en crut pas ses yeux, craignit une embuscade. Il fit arrêter la jeep doucement, plaça ses hommes en alerte, un pistolet-mitrailleur braqué sur toi, d'autres sur les deux issues du pont. Il s'approcha silencieusement de la silhouette, comprit au pyjama militaire qu'elle portait, qu'il s'agissait d'un malade échappé de l'hôpital. D'un geste rapide, il le saisit à bras-le-corps et le bascula à l'intérieur du pont. Tu n'opposas aucune résistance et te laissas ramener à l'hôpital toujours sans prononcer une parole.

À l'escadron, le capitaine Di Orio refusa de m'indiquer dans quelle ville de métropole, on t'avait évacué. Peut-être ce foutriquet considérait-il qu'il s'agissait d'un secret militaire, à moins qu'il n'ait cherché à satisfaire une mesquine vengeance. Je n'osai pas le demander au colonel. Mais je savais où étaient classés les dossiers des appelés du contingent affectés à l'escadron. Même si le tien avait été transmis, il en restait nécessairement une trace quelque part : un double de bordereau, une transcription dans un livre d'enregistrement.

Une nuit, il devait être environ deux heures, muni d'une lampe de poche, je m'introduisis dans le bâtiment d'état-major dont on fermait chaque soir les volets pleins. J'étais assuré qu'aucune lumière ne filtrerait à l'extérieur. J'avais emprunté un jeu de passes et de fausses-clés à un secrétaire. Peut-être te souviens-tu de lui : il s'appelait Colas. C'était une fouine avisée et un habile faussaire en écritures qui subtilisait les livrets militaires pour les falsifier. Il effaçait les jours de taule, les annotations défavorables et, surtout, les permissions effectuées de manière à récupérer les jours correspondants. Il le faisait généreusement, risquant gros, pour le plaisir et pour la gloire. Une gloire secrète, bien entendu, qui ne dépassait pas le mur des initiés. C'est volontiers et sans contrepartie qu'il m'avait confié son trousseau. Il m'avait offert de m'accompagner pour me faciliter la tâche, mais je n'avais pas besoin de lui et je ne voulais pas qu'il sache ce que je recherchais. Il me fallut une heure de fouille éprouvante – la peur d'être surpris ; et difficile – tout était sous clé : la porte du bureau, l'armoire, et dans l'armoire les tiroirs. Sur un registre, ma lampe torche a finalement éclairé ton nom : *NORBIER David, rapatrié sanitaire hôpital militaire de Dijon.*

Dijon. Au moins savais-je où tu étais. Inutile de m'étendre sur les démarches que j'ai effectuées, les coups de téléphone, les lettres. Tout a été infructueux. Tu ne m'as jamais donné aucun signe de vie. Je me heurtais à un mur. Je ne renonçais pas cependant et, par d'invraisemblables circuits détournés, j'ai pu obtenir quelques bribes d'information sur ton état de santé. Tu avais recommencé à parler et à t'alimenter. Tu te remettais lentement mais demeurais fragile. La guérison n'était pas certaine. Une rechute restait possible et on craignait alors pour ta vie ; on avait diagnostiqué chez toi une tendance suicidaire. L'angoisse me rongeait. Enfin j'appris qu'on t'avait démobilisé, réformé, renvoyé dans tes foyers. J'écrivis à Chapelle d'Amont. Mes lettres demeuraient sans réponse et je n'ai jamais osé téléphoner. Combien de fois me suis-je trouvé assis dans un bureau désert, le soir, ton numéro de téléphone sous les yeux sans parvenir à soulever le combiné ? Parfois tout de même je décrochais. L'opératrice me demandait : « Quel numéro appelez-vous ? » Je répondais : « Excusez-moi, aucun. J'ai changé d'avis » ou bien, par diversion, je donnais le numéro de Valle di Paraso et, invariablement, on m'avertissait : « Votre correspondant ne répond pas. Maintenez-vous votre appel ? »

Ce que j'éprouvais en ces heures-là, je ne peux pas l'exprimer… le remords désormais apparu, la honte, la torture, l'enfer. Avais-tu appris (mais comment l'aurais-tu appris ?) ou avais-tu deviné (mais comment pouvais-tu l'imaginer ?) que le vrai meurtrier de Djamila, c'était moi. Inlassablement la question tournait dans ma tête et inlassablement j'y répondais : Non, c'est impossible ! En vérité, la vérité, le choc a été trop rude ; il a été trop malade ou l'est encore ; il a rompu les ponts car lui-même souffre trop.

Je ne supportais plus Constantine, l'escadron, ma chambre à demi vide semblable à un vase dont on a retiré les fleurs fanées, où croupit une eau qu'on a négligé de jeter. Quand on a affecté ton lit à un autre margis nouvellement arrivé de métropole, j'ai laissé faire. J'avais perdu mon esprit de résistance. Etouffant d'un sentiment de sacrilège, j'ai fui et suis allé dormir clandestinement à l'infirmerie. Quelques jours après, j'obtenais du colonel qu'il me mutât où je voulais te faire envoyer. Et c'est moi qui ai pris la place que je te destinais dans les convois de camions ralliant Hassi-Messaoud à travers les oasis et le désert.

Je m'y suis volontairement abruti l'esprit, éprouvant moi-même la souffrance que je t'avais prédite. Jusqu'à ma libération, je me suis astreint à ne plus glaner de renseignements, à écarter toute nouvelle tentation de t'écrire ou de téléphoner – Laissons le temps agir ; je n'ai plus d'autre allié, me disais-je. Mais je n'oubliais pas.

Tenacement je maintenais l'espoir sous un autre ciel, dans un autre lieu, presque dans une autre vie – de te retrouver. Je vivais apparemment égal à moi-même, plaisantant avec les autres soldats, buvant de la bière, jouant le soir à la belote ou aux tarots entre deux bahuts au bivouac, aidant les chauffeurs à remonter un pneu, réparer un moteur, remplissant des ordres de missions, des rapports, m'endormant d'épuisement sur la banquette dans le camion qui cahotait sur la piste. Mais à l'intérieur, je m'étais mis en léthargie ; j'avais endormi mon âme, mon cœur, ma pensée. Je ne lisais plus, n'écoutais plus de musique, ou plus exactement ne lisais plus, sans les retenir, que les nouvelles des journaux, n'écoutais plus, sans les entendre, que la lancinante musique arabe ou les chansons langoureuses de Dalida sur les transistors de mes compagnons. Evidemment, je ne peignais pas non plus. Je n'ai d'ailleurs plus jamais peint, je te l'ai dit hier. Le tableau bleu a été mon dernier tableau.

Seule rupture dans mon chagrin, le Putsh des Généraux réveilla brièvement ma conscience. Les quatre jours qu'il a duré, je les ai vécus à l'arrêt dans une petite oasis, à la tête de cinq bahuts et d'une dizaine d'hommes angoissés dont j'étais responsable. Seul à devoir prendre des décisions, je t'ai oublié pour m'occuper d'eux. L'état-major de l'escadron ne répondait plus. Je parvins seulement à apprendre que Feracci s'était enfermé dans son appartement et avait coupé le téléphone. On ne pouvait communiquer avec lui que par son ordonnance, Clovis, que tu as bien connu, un brave garçon qui ne savait ni lire ni écrire et à peine parler. Les autres officiers étaient affolés craignant, selon l'issue de la révolte, pour leur carrière voire pour leur peau qu'ils prennent le parti d'Alger ou celui de Paris. Finalement ce sont nous les appelés qui avons géré la situation. Pour ma petite part, j'ai décidé de rester sur place et avant même l'ordre du général de Gaulle sur les radios, de n'obéir à aucun ordre militaire tant que l'autorité légitime ne serait pas clairement rétablie. Chaque chauffeur gardait dans sa poche les morceaux de sucre à mettre dans le réservoir de son camion au cas où… Finalement tout rentra dans l'ordre pour nous, sans incident.

Est venu le jour où j'ai été rendu à la vie civile. Je suis retourné à Valle di Paraso. Retour douloureux à plus d'un titre. Je portais en moi la marque indélébile de la mort de Djamila, la morsure de mon échec, de ton absence, la souffrance et la solitude auxquelles elles me condamnaient. C'étaient encore la souffrance et la solitude que je trouvais en arrivant chez moi. Une maison vide, un tombeau et une tombe m'y attendaient. Je me suis rendu au mausolée des Acquaviva, j'en ai déverrouillé la somptueuse porte écaillée, l'ai repoussée derrière moi. Seul filtrait un rai de lumière qui tranchait en deux parties, comme une lance dressée le ferait du ciel, le marbre bleuté nuagé de blanc recouvrant le sol. Les cercueils occupaient des niches comme dans les catacombes. Face à celui de mon grand-père, je me suis assis par terre dans la poussière, jambes croisées, tête dans les genoux. Je restai là un long temps sans penser, sans prier, sans me condamner – à quoi bon ! c'était déjà fait ; ni demander pardon – il n'est pas dans le pouvoir des morts de l'accorder. En vérité je venais prendre congé des Acquaviva. Je restais l'un d'eux, le seul vivant, mais à ma propre mort, je ne les rejoindrais pas. J'embrassai le cercueil de mon grand-père en l'effleurant lentement des lèvres avec tout le respect qu'il m'était possible de mettre dans ce geste, et je partis.

Le lendemain, je marchai jusqu'à la bergerie où avait vécu Conrad, refaisant de jour le chemin parcouru la première fois de nuit, enfant perdu cherchant refuge. L'herbier qu'aucun soin ne disciplinait plus, avait dépéri. Quelques plantes fidèles et anémiées subsistaient dans le chiendent. D'autres s'étaient égarées dans les champs voisins ; la dure compétition des genêts et des cistes les réduisaient lentement sous une gangue de feuilles et d'épines. La tombe de Conrad s'effaçait aussi sous les herbes folles, encore marquée par quelques-unes des pierres dont je l'avais entourée. De même que dans le mausolée, je m'assis par terre sur le sol durci comme marbre par la sécheresse mais plus chaud que lui. Je savais déjà que j'étais au lieu de ma dernière demeure ; à l'heure dite, je viendrais ici. Je nettoyai soigneusement la tombe, remis en place les pierres égarées, reconstituai la croix que le temps avait dérangée. Avant de m'en aller, je posai ma main à plat sur la terre dénudée, vaine recherche d'un contact avec celui qui manque : Où es-tu Conrad aujourd'hui, en cet instant, si tu es quelque part alors que tout ce qui reste de toi est là-dessous ?

Au village, la grande maison vide n'était cependant pas creuse. Au cœur de ce monde mort qui me cernait, elle devenait le lieu de la mémoire. Une mémoire silencieuse qui racontait une histoire inaudible : dans les tiroirs, dans les papiers de mon grand-père, j'avais recherché trace de ma mère, des lettres, des cahiers, des photos… Rien. Seul demeurait le grand portrait de ma grand-mère à qui elle ressemblait. Cependant, si muette fût-elle, cette mémoire protégeait. Il en émanait une sérénité qui défiait le temps, qui était le temps passé et le serait toujours. Elle était à prendre comme elle était. On n'y pouvait rien ajouter ni retrancher puisqu'on n'en connaissait rien ou presque rien. Seulement elle pérennisait une présence. Les habitants des maisons de famille meurent, ils ne disparaissent pas. Tant que la maison demeure, leur essence imprègne les meubles qui n'ont pas changé de place, leurs portraits regardent ceux qui passent du même regard qu'hier. Parfois on ne sait plus qui ils sont (tu vois, on dit : qui ils sont, et non pas : qui ils étaient… c'est révélateur), mais ils sont là et ils rassurent. J'ai ouvert les volets et les fenêtres à tous les étages ; les pièces ont été inondées de soleil et j'ai vécu dans cette lumière qui faisait resplendir les ors endormis des glaces, des tableaux, des candélabres, chatoyer les soies passées des fauteuils, des canapés, des tentures.

Ainsi je me suis apaisé un peu et reposé par la grâce de cette vieille maison qui m'a absout en silence, et presque malgré moi, du temps dilapidé, meurtri, stérilement détruit par la poursuite de mes chimères.

Elle n'avait pas pouvoir cependant de me faire t'oublier.

J'ai remis en route la deux-chevaux que mon grand-père m'avait offerte à la fin de mes études et j'ai pris le bateau pour le continent. J'avais décidé de me rendre à Paris pour y chercher du travail dans un journal ou une agence d'informations. Mais rien ne pressait ; secrètement, je nourrissais le dessein de faire un détour par le Jura et de me rendre à Chapelle d'Amont. Parvenu à Dijon, j'ai quitté la nationale 5, ai gagné ta région. Je n'ai pu me résoudre à arriver chez toi sans avoir prévenu et j'appréhendais tellement un refus que je n'ai pu non plus me décider à téléphoner. Je t'avais écrit à nouveau depuis Valle di Paraso. Je n'avais pas reçu de réponse. Une fois de plus.

N'osant viser la cible, j'ai rôdé aux alentours. Notre escadron à Constantine recevait beaucoup d'appelés de la 7ième Région militaire dont faisait partie la Franche-Comté. J'avais relevé l'adresse de quelques uns d'entre eux que nous connaissions, qui avaient été libérés. Je les visitai à l'improviste, prétextant que j'étais de passage dans la région et avais plaisir à leur dire bonjour. Nous échangeâmes les propos de circonstance et nous promîmes avec une conviction non feinte mais illusoire de ne pas nous perdre de vue. Je savais pour ma part que je tiendrais parole au moins le temps qu'il faudrait pour parvenir à te rejoindre. J'ai ainsi tissé autour de toi un réseau de renseignements qui m'a permis d'apprendre l'essentiel – non, le terme est bien mal choisi – simplement la partie visible de ce que tu devenais. Sur le moment, je n'ai pas appris grand-chose : tu habitais toujours à Chapelle d'Amont, travaillais dans la scierie de ta famille. Au moins étais-tu vivant et puisque tu travaillais, sans doute étais-tu guéri. Guérison complète ou guérison précaire ? Impossible de le déceler dans les propos recueillis. Ton silence à mon égard continuait à constituer un mauvais signe.

Je suis allé à Paris et j'ai fait mes premiers pas dans le journalisme. J'ai décidé de t'écrire une ou deux fois par an – mais jamais au moment de Noël. Une simple carte postale sous enveloppe envoyée d'un pays lointain au hasard d'un voyage. Je m'y suis conformé pendant trois ans, puis j'ai appris que tu t'étais marié. Avec qui ? Mon correspondant l'ignorait. Tu n'avais pas quitté Chapelle d'Amont et dirigeais désormais la scierie, « vieille entreprise familiale » me précisa-t-il.

Comme on le dit, la boucle était bouclée. Apparemment mon but était atteint. Par des moyens iniques, mais atteint. Djamila effacée de ta vie, tu étais marié, probablement avec une fille de ton pays, tu aurais des enfants. Tu montrais assez de capacités pour diriger, très jeune, une entreprise. Je pouvais estimer avec un cynisme amer que j'y avais contribué : c'était le fruit du cœur et celui du crime. Par cette double information, j'acquérais aussi la certitude que tu avais retrouvé l'équilibre. Pour y parvenir, il t'avait fallu l'oubli. L'oubli de Constantine, de Djamila. L'oubli de moi…Un oubli volontaire, déterminé, poursuivi tenacement chaque jour et peut-être chaque nuit. Mes courriers ravivaient la plaie, même si tu ne les ouvrais pas. J'étais convaincu désormais que tu ne les avais pas lus. Il aurait été maladroit, voire malfaisant de les maintenir. Et inutile. À toute aventure, toute entreprise, il faut savoir mettre un point final. Au moins pour la forme et sans, au fond, désespérer tout à fait : un autre chapitre, un jour, peut s'écrire.

De Corse et non plus, cette dernière fois, d'un pays étranger, je t'ai envoyé une carte. Pas une carte postale. Une carte de correspondance sans illustration au verso, comportant mon nom et l'adresse de Valle di Paraso, au cas où tu l'aurais perdue ou plus probablement jetée. Je n'y faisais aucune allusion à ton mariage que je n'étais pas censé avoir appris. Je disais seulement que je ne t'écrirais plus parce que tu ne me répondais pas et que sans la connaître, je voulais à l'avenir en respecter la raison. Cependant pour moi, le silence ne serait jamais l'absence. Il appartiendrait désormais à toi seul de le rompre ou de ne pas le rompre. Je serais présent au premier appel.

Ainsi je me laissais une chance, ou bien plutôt une illusion, pour m'aider à vivre, à croire que je n'étais pas seul, irrémédiablement seul, qu'après avoir perdu Conrad, je n'avais pas perdu David, pas tout à fait perdu… Une porte restait entrebâillée dans l'espoir de l'improbable retour. Un jour, une fois peut-être…

La carte partie, je me sentis apaisé, en quelque sorte libre. Vide aussi, comme après une mission dont on ignore si elle a ou non réussi mais qu'on sait terminée. Une part de ma vie prenait fin. Non, pas une part : une vie entière, une de mes vies.

Ne vivons-nous pas plusieurs vies, successivement et à la fois ? Ce qui s'achevait tenait à l'une des plus secrètes, intérieures, du tréfonds, de celles qui procèdent des mémoires oubliées. Mémoires qui existent en nous sans qu'on le sache, léguées par des aïeux dont le souvenir est perdu. Leur trace et aussi leurs tares subsistent indécelables mais formelles dans nos cellules. À notre insu, elles nous portent à reproduire inéluctablement les comportements qu'ils ont cultivés ou combattus, et qui les ont parfois détruits, les situations qu'ils ont provoquées, les actes sans aveu qu'ils ont commis ? N'est-ce pas cela le destin ? Nous sommes immortels – la Bible le dit : *Les pères ont mangé les raisins verts et ce sont les enfants qui en ont les dents agacées.* De ceux qui nous ont précédés, nous recevons en partage les paradis et les enfers ; c'est nous qui souffrons leur purgatoire, purgeons leurs peines en nous demandant inlassablement sans jamais que le voile ne se déchire : Pourquoi suis-je ainsi ? Pourquoi ai-je fait cela ?

Pourquoi ai-je dit cela ? Pour m'excuser ? Pour ne pas me sentir seul coupable ? Je ne sais…

J'avais une autre vie. Visible, pleine de promesses, enviable aux yeux de ceux qui la considéraient. Ma vie de journaliste. Elle me procurait du plaisir. J'apprenais beaucoup de choses nouvelles, je découvrais des lieux inconnus, des situations insoupçonnables, je rencontrais des gens de toutes sortes, de tous milieux. Je plaisais et presque tous, hommes ou femmes, avaient tendance à m'en dire plus qu'à d'autres, inestimable avantage dans ce métier. J'y avais débuté sans difficulté et sans effort, mais avec sérieux et déjà avec succès. Toutefois à cette époque, je me trouvais encore à la croisée des chemins. Plusieurs avenirs étaient possibles. Il fallait choisir : deviendrais-je chroniqueur à la télévision, à la radio ou dans la presse écrite, reporter ou correspondant à l'étranger ? Durant ces trois années, j'avais touché à tout et à n'importe quoi, au gré des occasions et de ma fantaisie. Ce n'est pas le talent qui me l'avait permis – le journalisme parisien fourmille de talents au chômage – mais ma liberté et mon indépendance, et surtout mes relations. Les Corses de Paris m'avaient mis le pied à l'étrier. De ce point de vue-là, j'étais né coiffé.

Ainsi j'avais le choix, bien rare privilège. Mais j'hésitais ; je m'étais retiré quelques jours à Valle di Paraso pour réfléchir et prendre une décision. J'y reçus un coup de fil d'un magazine qui en échange d'une pige appréciable, me demandait de me rendre d'urgence à Rome pour interviewer un producteur de cinéma. Le journaliste accrédité était indisponible. On avait pensé à moi pour le remplacer parce que je parle italien. Belle opportunité. Un voyage intéressant ; je n'étais encore jamais allé à Rome. Et occasion de repousser à plus tard une décision difficile à prendre.

Arrivé à Fiumicino, dès ma première traversée de la ville en taxi, je tombai amoureux de Rome. C'est insuffisant de dire que je fus subjugué. J'entrai en communion. Je découvrais que cette ville était ma ville. J'étais fait d'elle. J'étais une pierre de cette ville. J'étais cette ville tout entière. Tout ce qui fait ce que je suis, mon corps, mon allure, mon visage et mon regard, la couleur de mes cheveux, le grain de ma peau, le timbre de ma voix, son accent quand je parle italien étaient, par nature, romains. J'étais né et j'avais grandi romain dans mon village de Corse, vécu romain en Provence, romain à Constantine et à Paris. Mes connaissances, mes références, mes goûts, ma vision des choses et des gens, le fond de ma pensée, la forme de son expression, tout était romain. Les monuments, les palais et les églises, les places, les fontaines et les jardins, les hautes maisons de la Via del Corso aux jalousies closes, au crépi déchiré rose presque rouge, les statues blanches de la Piazza Navona, les colonnes brisées entre les pins du Palatin étaient plus qu'un miroir où je me voyais tout entier. Ils étaient de ma chair, à moins que je ne fus de la leur. Je décidai : Je vais vivre ici ; je n'irai nulle part ailleurs.

Je connus dans ces premiers jours un éblouissement que je pris pour du bonheur. J'avais trouvé ou retrouvé une identité, atteint au terme du voyage mon eldorado intime. Je m'installais enfin en moi-même. Il n'y avait plus à quérir plus loin, il n'y avait plus rien à acquérir. J'avais tout, j'étais tout. J'avais Rome, j'étais Rome.

Comme par miracle, le souvenir de Conrad s'évanouissait, le tien avec lui. Je cessais d'être en deuil et se comblait le vide éprouvé après le dernier message que je t'avais lancé. Je vivais des jours d'extase et de liberté, courant partout, voyant tout. J'avais rédigé mon interview, transmis mon papier à Paris. Je n'étais ni au travail ni en vacances. Je n'avais rien d'autre à faire que ce que je voulais.

Le producteur de cinéma m'avait pris en sympathie et avait insisté pour que je demeure chez lui plutôt que de loger à l'hôtel. Il n'avait pas fixé de terme à mon séjour. C'était un homme chaleureux, remplissant constamment sa maison d'invités. Il habitait une grande villa de la Via Aurelia Antica, au cœur d'un magnifique jardin. Je découvrais de l'intérieur la vie quotidienne des gens très riches où tout est facile, ordonné, luxueux. Mon hôte avait du goût. Le moindre meuble était un objet d'art et chacun avait sa place. Des domestiques silencieux assuraient un service sans faille, tout était fourni avant qu'on ne le demande. Etonnant milieu mais qui possède rarement autant de classe. Le producteur m'avait proposé d'abandonner le journalisme pour faire du cinéma. J'avais répondu dans un éclat de rire : « Moi acteur ! ». Il était demeuré grave : « Ma proposition est sérieuse. Vous avez toutes les qualités requises et celle en plus, indéfinissable, qui fait la différence. Je ferai de vous une star, ou mieux, un grand acteur international. Réfléchissez ». Il m'avait troublé : cela me flattait. Je n'aurais jamais imaginé par moi-même exercer pareil métier. Je vis mon nom en grandes lettres sur un banc-titre, sur des panneaux, des affiches : *MICHEL ACQUAVIVA* – Il faudra que j'italianise mon prénom, pensai-je : *Michele.* Oui mais si je fais cela, les Français le prendront pour un prénom féminin : Michèle. Préoccupation futile et bien prématurée !

Ainsi un nouvel avenir possible venait-il compliquer mon choix. Cela ne ternit pas ma joie. Au contraire. Je me disais : À Rome, décidément, tout peut arriver…

Mon hôte entretenait des chevaux. Il m'avait offert de les monter. Un matin je me rendis aux écuries. Un palefrenier sella pour moi un hongre anglo-arabe à la robe presque noire. Un cheval vif, à la bouche sensible, qui obéissait à la moindre pression de la main sur le filet, qu'on sentait sous la jambe sans avoir besoin de le chercher. Je demandai son nom au palefrenier. « *Giove* » chantonna-t-il en italien. Jupiter.

De la villa du producteur, on pouvait gagner directement, par une passerelle survolant la Via Aurelia Antica et son flot de voitures, le jardin de la Villa Pamphili. Ce qui surprend à Rome, plus que dans d'autres villes, c'est la présence d'immenses jardins appartenant jadis aux familles princières et qui ont échappé par on ne sait quel miracle aux promoteurs immobiliers. Le Jardin Pamphili est avec celui de la Villa Borghèse un des plus grands. À lui seul plus grand, dit-on, que le territoire du Vatican. On a l'impression qu'une journée de marche ne permettrait pas d'en atteindre le bout, encore moins d'en faire le tour. J'échauffai lentement Jupiter en contemplant l'horizon de pelouses, de collines, de pins et de cyprès, de petits temples ronds et de statues. Je frémissais secrètement de plaisir, à la pointe du ravissement. L'harmonie composée du paysage, la puissance contenue du cheval, la douceur de l'air romain si justement décrit comme incomparable, ma tranquillité d'âme inconnue jusqu'à ces jours nouveaux s'associaient pour m'offrir un instant de délices. J'étais heureux, homme délivré de son passé, sans vrai souci pour l'avenir, immergé dans l'heure présente.

Je mis Jupiter au galop pour gravir une légère colline couronnée de pins parasol. Parvenu sur l'autre versant, je repris le trot puis le pas, le sol devenant inégal et le sentier mal tracé. Une contrariété vint embrunir mon plaisir : le paysage se faisait moins gracieux, se couvrant de buissons sauvages, d'arbres aux branches désordonnées, et au loin surgissaient les tours moroses d'un quartier moderne. J'eus envie de rebrousser chemin. Je ne le fis pas. Au-delà des ronces d'un mûrier, des voix d'enfants s'élevèrent. Elles criaient excitées : « Acquaviva ! Acquaviva ! » Je sursautai de surprise et le cheval fit un écart. Qui pouvait m'appeler, prononcer mon nom dans un endroit où j'étais inconnu ? Personne. Simplement une homonymie. Intrigué pourtant, je dirigeai ma monture vers l'extrémité du mûrier. À son revers, j'aperçus les enfants – ils étaient trois, qui m'apercevant eux-mêmes, redoublèrent de cris et de rires, répétant : « Acqua viva ! Acqua viva ! » Ils pissaient.

Pourquoi n'ai-je pas souri de cette enfantine obscénité ? Pourquoi aussitôt se sont évanouies ma joie et ma tranquillité ? Pourquoi un tel choc ? pire : un tel effondrement ? Car j'ai vu en moi-même à l'instant l'image d'une maison de belle apparence, de celles qu'on rêve de posséder, s'effondrer, secrètement lézardée ou secrètement minée, dans un étourdissement de gravats et de poussière. Acquaviva… Acquaviva… mon nom, mon beau nom. Ce que je possédais de plus cher. Le seul don de ma mère avec celui de la vie. Un nom porté avec dignité depuis plusieurs générations, inspirant le respect dans un territoire à une communauté : le nom de mon grand-père et de ceux qui l'ont porté avant lui. Un nom de vertu. Un nom de la montagne dans l'Île, de source, de cascade, de creux verts et transparents, un nom opposé au saumâtre, au sale, au fétide, à la mort. *Acquaviva, eau vive*. Acquaviva, le nom que je n'aurais pas dû porter mais qu'on m'avait reconnu. Ce nom, je l'avais souillé, flétri, irrémédiablement anéanti. Ainsi je n'étais pas le dernier des Acquaviva. Le dernier avait été mon grand-père, car moi j'avais assassiné son nom, mon nom, le jour où Djamila était morte. Ce n'était pas un hasard si, ce même jour, mon grand-père avait été porté en terre. Cette relation que jusque là je n'avais pas faite, ce que je prenais pour une coïncidence portaient le signe du crime et son châtiment. Je ne m'appelais plus Acquaviva depuis cette heure, sinon par dérision, mais *acqua morta, acqua nera, acqua gialla*… et la honte en pesait sur moi. Je venais de le découvrir par la voix des enfants, la voix de l'innocence qui voit sans le savoir au travers du miroir : « *Acqua viva ! Acqua viva...* » Ils pissaient !

De dégoût et de désespoir, j'éperonnai Jupiter qui se cabra, lui fis faire demi-tour et le poussai jusqu'à ce qu'il galope ventre à terre dans la direction d'où je venais. Je ne me souciais plus du chemin inégal, de la pente, ni des branches des arbres. Je fuyais vers l'harmonieux paysage traversé auparavant. Mais le retour en arrière n'existe qu'au cinéma : le Jardin Pamphili avait perdu son charme, s'était lui-même flétri. Je n'y voyais plus qu'herbe jaunie, fleurs fanées, statues moussues, temples abandonnés proches de la ruine. En cette heure, j'ai voulu mourir. J'ai vraiment voulu mourir. Je me souvenais d'un petit lac longé au pas, dominé sur l'autre rive par une falaise. Je maîtrisai Jupiter qui galopait à la limite de l'emballement et le dirigeai vers le sommet de la falaise. Je me jetterais dans le lac avec le cheval. Et je me répétais : Je me jetterai… je me jetterai… Je ne me suis pas jeté. Non point parce qu'un Acquaviva ne se suicide pas : je n'étais plus un Acquaviva, je n'étais plus rien, plus rien qu'un meurtrier ; mais parce qu'on ne tue pas un cheval. On peut se tuer ; on peut tuer une autre personne ; on ne tue pas un cheval. Dans mon hallucination, l'emportement dans lequel je me trouvais, il me restait cela qui me venait de mon grand-père, et peut-être aussi de Conrad : *On ne tue pas un cheval*. Après m'être répété : Je me jetterai… je me jetterai…, je me répétais : On ne tue pas… on ne tue pas un cheval… C'était absurde mais c'est à cela que je dois d'être encore en vie.

J'ai doucement repris le filet. Jupiter s'est peu à peu calmé. Mis au pas, je l'ai caressé. Rentré à la villa du producteur, je l'ai remis entre les mains du palefrenier. Je me souviens qu'il m'a regardé sans mot dire, inquiet et réprobateur : le cheval était écumant, inhabituellement couvert de sueur. Mais sa bouche n'avait pas souffert et le palefrenier a conservé le silence. Je n'étais plus rien et cependant encore un cavalier.

Je regagnai ma chambre ; j'écrivis une courte lettre au producteur qui était absent, en déplacement à New York pour quelques jours. Je le remerciai de son hospitalité, le félicitai de la qualité de Giove, déclinai poliment son offre de faire du cinéma et lui présentai mes excuses de partir sans attendre son retour. Je prétextai qu'on me rappelait d'urgence à Paris. Je signai d'un vague signe illisible ; ayant perdu mon nom, je n'avais plus droit à ma signature. Je fis mes bagages qui n'étaient pas très encombrants, un simple sac, et sans prendre de douche ni me changer – j'avais monté en jean et avec une des paires de bottes à la disposition des visiteurs aux écuries, je quittai la Via Aurelia Antica. Je pris dans un hôtel quelconque une chambre que je payai d'avance, puis me rendis à la Gare Termini.

Sans doute ne connais-tu pas la Gare Termini ou, si tu la connais, n'as-tu fait comme tout voyageur que la traverser rapidement avec le désir confus de la quitter au plus vite. C'est un endroit sinistre, l'un des plus sinistres de Rome qui en compte beaucoup mais que le temps et l'histoire ont patinés de romantisme. Termini est trop jeune pour prétendre à la même poésie. C'est un hall de gare immense et à ce titre, immensément inhumain et anonyme. On s'y trouve perdu comme une fourmi fragile sur un tas de sable, en butte à l'hostilité de la foule pressée. On n'y est vraiment rien, et il me semble qu'on peut y mourir en hurlant sans que personne ne vous regarde ou ne vous réponde. J'ai erré là tout le jour sans boire ni manger, sans parler, sans penser, autrement dit sans désirs. J'étais transparent, inexistant, à commencer pour moi-même. Etrange sensation dont je me souviens aujourd'hui sans être jamais parvenu à la comprendre. Absence de sensation plus précisément, car le vide est tel qu'on ne le sent même plus. Il n'y a plus de haut, plus de bas, plus de côtés et surtout plus de fond. Une sorte d'apesanteur. La salle des pas perdus... jamais cette expression que je trouvais naguère si bizarre, ne m'a paru plus juste. Perdu, oui, j'étais perdu.

Le soir venu, j'ai avisé parmi d'autres jeunes gens qui, comme moi, déambulaient apparemment sans but, l'un d'eux qui était de ma taille. Je le cherchai du regard et le fixai droit dans les yeux. Il répondit de même, d'abord prudemment, presque timidement, puis comme je persistais, avec une détermination sans équivoque. Je m'approchai et lui dis :

«Viens avec moi ».

Il me suivit sans prononcer la moindre parole jusqu'à mon hôtel. Dans ma chambre, debout face à lui, je lui commandai :

« Déshabille-toi ! »

Il obéit docile et toujours silencieux. Quand il fut nu, il se tint immobile dans l'attente de ce que je déciderais, soumis d'avance. Je me déshabillai à mon tour.

« Mets mes vêtements », lui dis-je.

Il manifesta un mouvement de surprise, esquissa un geste d'hésitation mais croyant sans doute à une fantaisie de maniaque, s'exécuta.

« Il sent le cheval », commenta-t-il en enfilant mon jean.

Pour la première fois, j'entendais le son de sa voix. Je lui répondis :

« Tu n'auras qu'à le laver. »

Il me regarda sans comprendre, interrogateur, un peu inquiet. Je le laissai à son étonnement et le questionnai :

« Combien demandes-tu ? »

La question le rasséréna ; la situation redevenait courante. Il annonça sans hésiter son prix en lires et enchaîna de suite avec un empressement presque implorant :

« ... mais pour toi, ce sera pour rien. Tu es tellement beau ! »

Agacé, je réprimai mal un mouvement d'épaules et durcis mon regard.

« Donne-moi maintenant tes vêtements ! »

À nouveau surpris, il les regroupa et me les tendit. L'œil agrandi, bouche bée, il me regarda les revêtir.

« Tu ne veux pas faire l'amour ? balbutia-t-il

— Non.

— Mais alors que veux-tu ? »

Il était cette fois franchement inquiet. J'ignorai son inquiétude mais radoucis le ton pour lui demander :

« Quel est ton prénom ?

— Milo. »

Je restai un temps silencieux.

Dans ma tête des syllabes s'associaient comme dans une comptine : ... *Mi*lo... *Mi*la... Dja*mi*la... *Mi*la... *Mi*lo... *Mi*chel... Je lui dis :

« Milo, ce n'est pas un prénom.

— Non, répondit-il, c'est le nom d'une île en Grèce ; j'y suis né. Je suis grec. J'ai pris ce nom depuis que... C'est plus commode comme ça ! »

Je pensai à la Vénus mutilée, sans bras à ouvrir ni mains à tendre. Milo mutilé du cœur comme des bras la Vénus, vendait son corps. C'était une putain comme...

« Va pour Milo ! lui dis-je. Garde mon sac. Je te le donne avec ce qu'il y a dedans. Prends aussi ma montre et mon appareil de photo. Et mon portefeuille. Il y a assez d'argent dedans pour que tu retournes dans ton île. Cultive le champ de ton père. Peut-être un jour en bêchant la terre, y retrouveras-tu les bras de la Vénus...

Je ne veux plus te voir à Termini, ni nulle part ailleurs dans Rome, ni nulle part en Italie. Mais tu n'as rien à craindre de moi si, demain, tu disparais de la Ville. Cette nuit, tu peux coucher ici. La chambre est payée et on ne te dira rien quand tu partiras : j'aurai prévenu la réception. Tu n'as pas à avoir peur, on ne te prendra pas pour un voleur. Tchao ! »

Je quittai la chambre avant qu'il ait eu le temps d'acquiescer ou de refuser. Je me retrouvai dans la rue les mains vides. Je n'avais sur moi plus rien qui m'ait appartenu. Les habits de Milo épousaient mon corps. Je m'y trouvais à l'aise malgré leur coupe extravagante, vulgaire au-delà du possible, jean collant aux fesses et aux cuisses, évasé en pattes d'éléphant sur les mollets, effrangé sur les chevilles, chemise polo d'un rouge hurlant parsemé de grosses fleurs noires, à l'échancrure à lacets baillant sur la poitrine au point qu'elle était au masculin ce qu'est au féminin un décolleté. Seules les chaussures étroites, ridiculement effilées au bout, me gênaient quelque peu le pied.

Qui aurait pu me reconnaître si, de hasard, quelqu'un me connaissant m'avait croisé dans cette peau de gigolo ? Oui, c'est de peau que j'avais changé et sous cette peau nouvelle, tout mon être se modifiait. Je ne me sentais pas indignement déguisé, mais transformé, transsubstantié dans une autre personne. Michel Acquaviva se dissipait, vapeur fondant dans l'espace. J'avais déchiré mon passeport, dispersé ses débris, je n'avais plus un sou en poche, vagabond à qui tout pouvait arriver sans vraiment qu'il s'en soucie, qui s'appelait Milo et s'en allait se prostituer pour survivre. Je serais une putain comme… comme elle, et je ne pourrais à l'avenir la traiter comme telle avec plus de mépris que je ne me traitais moi-même. Je devenais son égal, son alter ego ; je me préparais à vivre ce qu'elle avait vécu. Je me disais que je la remplaçais, que j'allais vivre à sa place.

Je marchais vers Termini dans un contentement noir, fébrile, déjà expiant mon crime, enfant en faute qui se punit lui-même en courant s'enfermer au placard. Parfois des passants me dévisageaient ; je recevais avec une intime et singulière jouissance le crachat de leurs insultes : « Fsss ... *finocchio* ! » Pédé... ils ne m'insulteraient jamais assez.

À Termini, j'ai attendu moins d'une heure, peut-être à peine une demi-heure pour faire mon premier client. J'ai accepté le premier venu sans hésiter, sans rien dire. J'ai fait ce que faisait Milo, suivre, simplement suivre. Mais dans la voiture qui s'était finalement arrêtée en bordure d'un cimetière, sous des cyprès, ce fut bien autre chose que les crachats de la rue. Un supplice honteux, sordide, tellement répugnant que j'ai dû sortir de la voiture, prétextant une envie de pisser, pour aller vomir contre un mur du cimetière. Mais je n'ai pas fui. Je suis retourné dans la voiture, m'obstinant ainsi qu'un pénitent qui se flagelle jusqu'à en saigner.

J'ai gagné ainsi mes premiers milliers de lires. Mais quand une main mollasse a glissé lentement les billets dans ma poche, quelque chose de l'ex-Acquaviva a rebondi en moi. J'ai failli les saisir et les jeter au visage de l'homme. J'ai réprimé ce sursaut et enfoui au plus profond l'argent, les doigts crispés sur le papier. « Que ta volonté soit faite ! », murmurai-je pour moi-même, sans savoir si c'était un blasphème ou une prière. L'homme m'a alors demandé mon nom et j'ai répondu : « Milo ». Il m'a dit : « On se reverra ? » et j'ai répondu : « Oui ». Je l'ai revu et beaucoup d'autres après lui. Je demandais toujours quelques milliers de lires. Jamais plus, jamais moins. Certains s'étonnaient : « Tu vaux plus que ça ! », et parfois me proposaient des fortunes, c'est-à-dire des voyages, un studio, des vêtements de luxe, des montres, des bijoux… Je refusais. Quelques milliers de lires. Rien d'autre. Mais je ne refusais personne. Sauf les blonds. Cela, je ne le pouvais pas. C'était vraiment impossible. Pourquoi ? Peut-être parce que Conrad était blond. Toi aussi. Je ne pouvais pas me prostituer avec votre image si lointaine, si déformée fût-elle… On ne tue pas un cheval… On ne couche pas avec un homme blond… Quelques principes Acquaviva survivaient dans Milo ! Et quels principes ! Ce serait risible si ce n'était triste à en mourir.

Autre retour Acquaviva : je faisais un rêve, toujours le même, au milieu de la nuit quand enfin je me couchais. Les oliviers de la vallée du Paraso brûlaient. Du village jusqu'à la mer. Les oliviers, les milliers d'oliviers des Acquaviva qui les avaient plantés et les possédaient depuis des siècles. La vallée était un fleuve de feu or et rouge, grandiose et tragique, Rome incendiée par Néron. Ce désastre, je l'avais vécu aux côtés de mon grand-père, je te l'ai dit. C'était terrifiant. Qui n'a assisté à un incendie de cette ampleur, ne peut en imaginer l'horreur et le sentiment d'impuissance absolue qu'il provoque chez les témoins. On en mourrait de désespoir, ce qui est arrivé à mon grand-père.

Dans mon rêve brûlait, sous mes yeux, le plus ancien olivier de la vallée ; on l'appelait l'olivier de la fontaine Salvi. C'était notre arbre sacré, honoré comme le sapin président de vos forêts jurassiennes. Les vieux du village racontaient qu'il avait huit cents ans, planté au temps des Croisades. Mon grand-père considérait qu'il était plus âgé encore – « Plus de mille ans, disait-il, il a connu Charlemagne ». Trois hommes étendant les bras n'auraient pas suffi à l'entourer. Saisi de rage, d'une volonté niant l'inéluctable, à la fontaine je tentais de remplir un seau. Mais le filet d'eau était si maigre que je n'y parvenais pas. Et l'olivier brûlait, torche vivante, Jeanne au bûcher. Aucun arbre en feu ne ressemble à un homme supplicié autant que l'olivier : il se tord en tous sens sous la morsure des flammes, la douleur écartèle les muscles de son tronc, on croit l'entendre hurler. De ses branches et son feuillage ne restaient déjà que de longs doigts fumants déchirant la nuit rougeoyante. Il brûlait maintenant de l'intérieur. La braise dans ses entrailles tremblait de fureur et de férocité. Il souffrirait plusieurs jours, se consumant lentement jusqu'à l'instant où il ne serait plus que cendre et charbon, arbre mort qui ne renaîtrait jamais.

Je m'assimilais à l'olivier Salvi ; j'étais cet arbre détruit et le responsable de son anéantissement. J'avais disparu par ma faute et par ma faute avaient disparu aussi tous les oliviers, le patrimoine de soixante générations qui lui avaient consacré leur labeur et s'en étaient nourris. Le rêve à Rome me le révélait, après l'épisode du mûrier : la faute du bâtard, celui qui n'aurait jamais dû naître et portait le péché de sa mère, l'injure faite à Dieu, aux Acquaviva, à leurs gens. Son crime, la mort de Djamila, en consacrait l'aboutissement, le point ultime et inexorable : l'état de cendre et charbon qui désormais était le mien.

Je n'étais plus un Acquaviva, nom que j'avais souillé et par la même éteint. J'étais un finocchio qui se prostituait dans Rome.

J'y ai vécu six mois. La police ne m'a jamais arrêté, ni même contrôlé. Rome, ville ouverte… Je « gagnais » assez pour me nourrir, m'habiller, me loger. Il me restait même de l'argent que je cachais sous une corniche de plâtre décollée dans ma chambre d'hôtel. Un hôtel misérable mais où j'avais pu éviter de décliner une identité. Il m'avais suffi d'acheter le portier avec un pourboire que je renouvelais à périodes régulières.

Il est vrai que je ne manquais pas de pratiques. Il s'en présentait plus que je n'en pouvais satisfaire, malgré un acharnement au « travail » me laissant le seul répit de quelques heures de sommeil. Si je l'avais voulu, j'aurais pu devenir un gigolo entretenu entre des draps dorés par un seul protecteur. Mais, je l'ai dit : quelques milliers de lires, comme Milo. Rien de plus ! Au fil du temps, je m'étais habitué (je crois pouvoir dire, avec une certaine crédibilité, qu'on s'habitue à tout...) La répulsion de la première fois s'était atténuée. J'en parvins même parfois à éprouver un plaisir sombre et violent dans ce que je découvrais comme un simulacre de duel à mort, secret et incompréhensible, entre des lutteurs qui se portent les pires coups sans se tuer. Mais le plus souvent, j'étais indifférent et simulais le plaisir pour remplir mon contrat. Rentré dans ma chambre, je disais à haute voix en me regardant dans la glace : » Tu es vraiment une putain. Tu ne peux plus haïr ni mépriser Djamila ». Puis je chantonnais à nouveau ma comptine : « Djamila... Mila... Milo... », en pensant : Un jour, quelqu'un me tuera vraiment, à qui j'aurai fait autant de mal que Djamila m'en a fait. Ce quelqu'un sera peut-être moi-même, et je serai pardonné.

Tu ne dis rien, David. Tu demeures immobile. Mon récit est insoutenable et tu le supportes. Continue. Tu n'as d'ailleurs pas le choix. Tu ne peux faire autrement car, en quelque sorte, cette histoire, c'est aussi la tienne.

Tu y es lié. Tu en es partie prenante de même que la face de la médaille l'est de son revers. Mais prends courage : encore un peu de temps et ce sera fini.

Un soir, un homme me proposa de l'accompagner chez lui. C'était inhabituel. On ne fomente pas en général ce genre de choses à domicile, et l'homme ne ressemblait pas à mes clients ordinaires. La maturité d'allure jeune ; oeil et sourcils noirs sous une abondance de cheveux bouclés commençant à s'argenter ; front généreux, nez droit, bouche ronde ; fort bien mis avec une discrétion et comme une nonchalance le faisant élégant mais pas trop, il communiquait un sentiment d'autorité et d'équilibre inspirant confiance. Pas du tout du genre à chercher fortune dans une gare. Qu'il ait le goût des hommes ou celui des femmes, ce qui n'était pas décelable, il possédait tout ce qui pouvait permettre de trouver chaussure à son pied en des lieux plus convenables. Aussi me demandai-je : Pourquoi ici ? Pourquoi lui ? J'étais surpris et pour la première fois, intimidé. Et pour la première fois, je faillis refuser. Mais j'avais décidé de ne jamais le faire, et il n'était pas blond. Je l'accompagnai.

Il me conduisit dans l'une des rues étroites qui serpentent comme un ruisseau de la Piazza Navona à la Via del Corso, jusqu'à un immeuble du *sette cento* comme disent les Italiens – du dix-huitième siècle. Une grande maison bien romaine, comme je les aimais, au crépi égratigné par la griffe du temps, rouge d'un incarnat délavé par l'implacable lumière latine. De hautes fenêtres la tranchaient. La teinte de leurs persiennes à jalousies avait passé du perle des origines à un vieux gris poussiéreux, noblement négligent. Au sommet d'une corniche fendillée s'alignaient des tuiles à l'arrondi irrégulier et au rose variable.

Le seul fait de franchir la porte de cette antique demeure me réjouit d'un plaisir oublié. Je redevenais d'un geste un Romain, celui que j'avais été à la Via Aurelia. Nous gravîmes l'escalier à balustrade au marbre vert veiné de blanc, sensuellement baroque. Il me fit pénétrer dans un grand appartement au premier étage – le *piano nobile*, l'étage noble. L'appartement réfléchissait son hôte : intelligence, équilibre, élégance ; modernité aussi dans l'enchaînement de la tradition. Blanches les boiseries aux murs, blancs les rideaux aux fenêtres, le marbre du sol, les fauteuils bas et les canapés contemporains. Blanc qui accentuait l'arc-en-ciel de coloris savamment entrelacés des tapis orientaux et la rigueur mate de quelques meubles anciens d'une inouïe perfection. Dans une cheminée en marbre rouge presque grenat, galbée, enfiévrée de rococo, un feu avait été allumé. On était en novembre ; il faisait un peu frais à Rome.

Le peintre que j'avais été s'enchanta des tableaux disposés sur les murs. Une main d'esthète les avait choisis au travers de la variété des palettes, des sujets, des talents pour composer une harmonie de sensations heureuses et poétiques. Sur beaucoup d'entre eux, aussitôt contemplés, je pus mettre un nom. Ravissement retrouvé du temps où dans les musées et les expositions, je m'exerçais à cet enivrant jeu d'initiés. Je reconnus un Modigliani ; je murmurai pour moi-même : « Mais qui peut-il être pour avoir un Modigliani chez lui ? » Je perçus qu'il m'avait entendu, mais il ne répondit pas.

Dans cette galerie un portrait, toutefois, souleva en moi, je ne sais pourquoi, une émotion confinant au malaise. On l'avait isolé sur un pan de mur au retour d'une vitrine, ainsi qu'on place une icône en un endroit privilégié et un peu secret, à l'écart d'autres images évoquant des sentiments moins intimes. C'était une peinture inachevée dont le trait, expert et sensible, avait su retenir la vie d'un merveilleux visage surpris dans un instantané joyeux. La facture m'en était inconnue. Je penchai mon regard vers l'angle droit en bas du cadre.

« Ne cherchez pas la signature, me dit-il. Il n'y en a pas. C'est un portrait de femme que j'ai moi-même exécuté. »

Je fus tenté de lui demander pourquoi il ne l'avait pas terminé. Par tact, je retins la question. Je murmurai :

« Elle ressemble... », je ne terminai pas ma phrase.

Je ne parvenais pas à détacher mon regard du tableau. J'avais oublié que cet examen, comme celui des autres toiles, manquait au savoir-vivre appris dans les salons aixois qui veut qu'on ne s'extasie pas devant ce qui les meublent. Mais avais-je encore à observer ces conventions ? Je n'étais plus un fils de famille. Rien qu'un giton de hall de gare. Mon émotion ne s'apaisait pas. Une souffrance douce m'étreignait. Douce et insupportable, et je la supportais. Je ne pouvais m'éloigner. Ce visage inconnu faisait partie de moi-même. Je m'attachais à l'imprimer dans ma mémoire tout en appréhendant qu'il y était déjà. L'avais-je déjà rencontré et l'avais-je oublié ? Non, impossible ! je ne l'avais jamais rencontré, malgré la certitude ressentie. Ce visage, je ne voulais pas le perdre et le devinais insaisissable. J'en étais malheureux et je m'en délectais ; je m'attachais à faire durer cette douleur étrangement désirable.

Lui, le maître de cette maison, le *Commendatore* – comme spontanément je m'étais mis à l'appeler dans ma tête pour l'emprise qu'exerçait son personnage – lui, le Commandeur, debout, proche de moi, me dominant légèrement d'une épaule, s'associait silencieusement à ma contemplation. Il émanait de lui une onde puissante et tutélaire qui me réchauffait lentement. Elle dissipait peu à peu mon malaise, le commuait en un sentiment de tendresse endolorie face au fascinant visage, m'apaisait, déliant mes nœuds de peurs et de détresse. Comme dans le poème, le temps suspendait son vol…

Cela ne dura pas. Si j'avais oublié pourquoi j'étais là, le maître de céans se chargea de me le rappeler ; avec délicatesse mais précision… Sa patience, si longanime fût-elle, avait ses limites ; il avait jugé qu'elles étaient raisonnablement atteintes. Je soupirai secrètement et, à nouveau lié, me préparai au sacrifice.

Je me retrouvai dans une chambre singulière tendue de moquette et d'étoffe noires, meublée presque uniquement d'un lit aux draps de soie noire qui me parut immense. Des glaces à bords perdus étaient scellées sur murs et plafond à si bon escient qu'elles ne pouvaient dissimuler longtemps leur mauvais usage. Des spots habilement dirigés diffusaient une lumière de lune impudiquement suave, invitant sans périphrases à une intime complicité. Dominait le lit un tableau à l'évidence de la même main que le portrait du salon : beau comme un pâtre grec, un jeune homme nu y jouait de la flûte se reflétant, touche ultime à l'érotisme du lieu, dans les glaces du mur lui faisant face.

Mon hôte fit glisser un panneau dans une cloison, manipula les touches d'un clavier invisible. Une musique s'éleva dans la chambre aménagée aussi, je le découvris, en cabine d'audition. Un concerto pour piano que je reconnus aussitôt. Ma gorge se noua ; dans un vrai cri d'angoisse, je suppliai :

« S'il vous plaît, non ! pas Mozart ! »

Il me regarda avec un sourire amusé, coupa le son : « Gershwin vous conviendra-t-il mieux ?

— Si vous voulez ... », soupirai-je, soulagé.

Hormis « Rhapsody in Blue » que je n'avais jamais entendu en pareille circonstance, les choses se passèrent en apparence comme à l'ordinaire. Presque comme à l'ordinaire... Etais-je gêné par la lascivité du décor, le jeu trop savant des miroirs, les sonorités insolites de la musique, ou par mon partenaire qui agissait, dans un tempo lent, avec une délicatesse inaccoutumée ? Un homme trop bien élevé pour ne pas le demeurer jusque dans la perversion. Je ne me trouvais plus réduit à l'état insensible d'objet, comme j'en avais pris l'habitude. Sa politesse refaisait de moi une personne, en dépit du marché éhonté qui nous réunissait. Je croyais redevenir vivant. Gratifié de tant d'attention, je faillis m'abandonner. Un retour de pudeur, d'amour propre et, peut-être, un sentiment confus de danger, de chute vers l'irréversible m'en empêchèrent. Je n'étais pas une femme amoureuse, seulement un misérable tapin à quelque milliers de lires la passe. Faute d'accepter le plaisir, je me refusai à le feindre. J'aurais trompé quelqu'un de trop attentif pour n'être pas un peu sincère, si hasardeux que ce fût de le penser. Aussi demeurai-je de bois, remplissant mal mon contrat pour bien marquer ma reconnaissance. Curieux paradoxe...

Rhabillés, il m'offrit un verre. Je ne crus pas opportun de refuser, et j'avais envie de revoir les toiles du salon. Il appuya le doigt sur une sonnette dans le mur. Un domestique parut. Sa tournure me surprit. Un homme mûr, mais un peu plus jeune que mon hôte, un peu plus petit de taille, vêtu d'une chemise blanche et d'un pantalon sombre sans avoir pour autant une allure de valet ni de barman. Il était très beau, d'une beauté qui surprenait tant, malgré son âge, elle se révélait sans faille. Je crus revoir, habillé et fort de quelques années de plus, le jeune flûtiste de la chambre noire. Son visage me rappelait confusément quelqu'un – je cherchais obstinément qui ; je ne trouvais pas. Méditerranéen certes, le plus probablement italien, mais il aurait pu être corse. À le voir si remarquablement beau, on ne pouvait douter qu'il y eût entre son maître et lui, un lien très significatif… Il n'en paraissait rien dans leur rapport apparemment réduit à celui de maître à serviteur.

Le Commendatore, au lieu de faire servir banalement du wisky, lui fit ouvrir une bouteille millésimée de Lacrima Cristi. Il persistait à m'intimider : une telle faveur pour un finocchio de la Stazione Termini ! Aussi courtois que s'il avait eu en face de lui un monsignore du Vatican, il entama une conversation anodine et mondaine. Il me conta l'histoire de la maison où nous nous trouvions, de la famille qui la construisit, de celles qui lui succédèrent. Où voulait-il en venir ? J'écoutais d'une oreille distraite et discrètement regardais les tableaux. Au détour d'une phrase, il me posa une question de manière si glissée, si naturelle, que je ne vis pas le piège, y tombai en aveugle.

« Le bâtisseur de la maison avait épousé une princesse Chigi, nièce d'un cardinal qui devait devenir pape. Sans doute connaissez-vous le portrait qu'en a fait Tiepolo, qui est conservé au Musée du Vatican ?

— Oui, je l'ai vu, il y a quelques mois, dans une galerie qu'on traverse en allant visiter la Sixtine. »

Il enchaîna, poussant plus avant l'avantage :

« En ce cas, en allant à la Chapelle ou en en revenant, vous êtes passé par la galerie égyptienne ?

— En en revenant.

— Y avez-vous remarqué une belle statue ptolémaïque d'Antinoüs, une des rares ayant survécu jusqu'à notre époque parmi les innombrables que fit faire l'empereur Hadrien ?

— Je l'ai admirée. Elle est fort belle, en effet. Mais j'ai songé en la regardant que si Antinoüs n'était mort à vingt ans, il serait rapidement devenu gras comme beaucoup d'orientaux et ne serait pas demeuré longtemps le favori de l'empereur. »

Il rit et poursuivit :

« Avez-vous visité la Villa Adriana ?

— Pas encore. C'est en dehors de Rome. Pour y aller, il faut une voiture ; je n'en ai pas ici.

— Quel dommage ! Savez-vous que Marguerite Yourcenar la restitue avec un rare bonheur dans « Mémoires d'Hadrien » ?

— Ne connaissant pas la Villa, je ne saurais en juger ; je le regrette.

— Aimez-vous Yourcenar ?

— Oui et non. À la première lecture, elle fascine. À la seconde, elle fatigue. »

Instinctivement j'avais prononcé cette phrase en français, le même jeu de mots n'existant pas en italien. Je ne sais pourquoi je m'attendais à ce qu'il comprenne, qu'à nouveau il sourie.

Il ne sourit pas. Il se leva brusquement, le regard dur, et d'un ton brutal m'ordonna :

« Debout Milo ! »

Piqué par l'injonction, j'obéis.

« Ote immédiatement ces vêtements ! »

Que voulait-il ? Jetait-il le masque de la bienséance, cédant à une impulsion secrète jusque là réprimée ? À quelles zèbreries allait-t-il exiger que je me soumette ?

Un peu effrayé, sur le qui-vive, j'étais plus encore dépité par ce changement incompréhensible de son comportement. Etait-il donc comme les autres sous sa belle surface lisse de Commendatore ? un obsédé, un cinglé ? Je me préparai à résister.

Il répéta :

« Ote ces vêtements. »

Je répondis :

« Non ! »

Il me gifla.

Je répondis encore et plus fort :

« Non ! »

Il saisit à pleines mains à revers de l'échancrure ma chemise, la chemise rouge à fleurs noires de Milo, et la tira violemment. Si violemment que ses ongles me lacérèrent la peau des épaules à la taille. La chemise déchirée jusqu'au bas tombait sur mes poignets.

Il me l'arracha et la jeta au feu.

Cela s'était passé si promptement, d'une façon si déconcertante que je n'avais eu le temps ni l'esprit de l'en empêcher.

« Et maintenant que tu as compris, retire toi-même ce pantalon et ces chaussures ! »

Qu'étais-je sensé avoir compris ? Révolté, je criai :

« Jamais ! »

Il se précipita sur moi, d'une prise précise me renversa sur le tapis. Sous son hypocrite blazer de la Via Veneto, il dissimulait des muscles de lutteur et pratiquait les arts martiaux. Ecrasé sous son poids, bras et jambes bloqués, je me dis : Inutile de résister. À quoi bon ? Tu es Milo. Tu es une putain. Tu dois tout accepter. Qu'importe ce qu'il te fera, devrais-tu en mourir ! C'est dans l'ordre.

Si vil soit l'état où l'on peut se réduire, il reste de l'origine un petit noyau inaltérable. Un réflexe de fierté m'interdit de le laisser me dépouiller lui-même.

« Lâchez-moi ! je vais le faire. »

Il desserra l'étreinte. Je me relevai et puisque c'était sa volonté, j'allai jeter jean et chaussures dans la cheminée.

Presque nu, meurtri, je reculai au fond de la pièce. Je m'appuyai dos au mur, les bras derrière moi dans la position d'un homme aux mains liées, tête renversée contre la boiserie, yeux mi-clos. Je n'osais regarder devant moi, appréhendant ce qu'il allait inventer de me faire subir et, paradoxalement, indifférent, fataliste. Je me sentais humilié, honteux et, bizarrement, satisfait de l'être, presque allégé.

Je l'entendis me dire d'une voix basse, un peu voilée, traduisant l'ironie ou trahissant une émotion contenue :

« Ah ! que tu es beau, Milo ! Reste-là comme tu es ! Tu ressembles à un Saint Sébastien percé de flèches, le Sébastien de Mantegna. Je… »

Il s'interrompit. Je fermai complètement les yeux. Un silence s'établit. J'écoutais ma respiration se calmer et m'aiguisais à ressentir la fine brûlure irrigant ma poitrine. Tu te complais à souffrir, me disais-je. Je ne faisais rien pour y mettre un terme : acceptais-je de jouir sous ses coups pour l'avoir refusé sous ses caresses ? Tu es malade, constatai-je.

« Michel… »

Je tressaillis, ramenai brusquement mes bras en protection devant moi. Comment connaissait-il mon ancien nom ?

« Oui : Michel. Vous ne vous appelez pas Milo, mais Michel, je le sais. Je regrette ce que je viens de faire, mais c'était nécessaire. »

Subitement il parlait en français.

Sa voix avait retrouvé son registre ordinaire, posée, calme, un peu flûtée ; il avait repris le voussoiement d'avant l'altercation. Je l'écoutais surpris, désarmé. Et surtout fatigué. Subitement tellement fatigué...

Il appuya à nouveau sur le bouton dans le mur. Le domestique apparut.

« Angelo, accompagne ce jeune homme à ma salle de bain et aide-le à se soigner », dit-il aussi en français

Il se tourna vers moi :

« Ce ne sont que des égratignures. Angelo trouvera ce qu'il vous faut dans le placard à pharmacie. Si vous le voulez, prenez un bain. Ça vous détendra. Ensuite dans la lingerie voisine, choisissez le linge et les vêtements qui vous conviendront. Nous n'avons pas la même taille mais vous en trouverez bien qui s'ajusteront à peu près à la vôtre. Allez ! prenez votre temps. Nous ne sommes pas pressés. Ensuite vous reviendrez ici et nous parlerons. »

Il me prenait en mains comme un enfant ; je me réchauffais, réconforté par cette sollicitude inattendue, rassuré. Je n'objectai rien, j'obéis docilement.

Angelo me conduisit à la salle de bain. En entrant dans le salon, il avait conservé un visage impassible, ne manifestant ni surprise, ni alarme devant ma poitrine, mes épaules ensanglantées, les vêtements dans la cheminée qui dégageaient une odeur nauséabonde de cuir et de tissu brûlés. Après qu'il eût ouvert le placard à pharmacie, son regard changea. Il examinait mes blessures, légères en effet, d'un œil compatissant et désapprobateur. La désapprobation était pour son maître ; s'y mêlait une touche de tristesse qui durcissait son visage agréable. Habitué à ne pas parler le premier, il murmurait pour lui plus que pour moi : « Mamma mia... Madre Dio...che a fatto ! » Un morceau de coton dans une main, un flacon d'alcool dans l'autre, il quêta d'un geste mon accord pour s'approcher et me soigner.

Le désinfectant piqua mes plaies. Je me retins de grimacer et subis cette douleur externe avec un vrai bonheur intérieur. Quelqu'un s'occupait de moi, s'efforçant à une douceur d'infirmière, soucieux de ne pas faire mal, la commisération palpable au bout de ses doigts. Des sensations d'enfance renaissaient, des souvenirs... j'étais tombé, je m'étais couronné un genou, blessé au coude ou coupé à la main. Vanina, notre servante qui m'a élevé, me soignait avec la même douceur, les mêmes gestes, la même compassion silencieuse dans le regard. Le comportement d'Angelo ressemblait au sien. À n'en pas douter, c'était elle qu'il m'avait rappelée tout à l'heure : je l'avais instinctivement senti dans sa manière de se mouvoir, de verser le vin dans les verres. Un délicieux réconfort m'envahit ; je m'abandonnai, fermai les yeux, savourant cet instant de grâce que j'aurais voulu sans fin.

Sa tâche terminée, Angelo coula un bain, ouvrit les placards et tiroirs de la lingerie où je pourrais me choisir des vêtements, puis se retira discrètement. Je m'étendis dans la baignoire en me disant que ce n'était pas une bonne idée : mes égratignures allaient à nouveau saigner au contact de l'eau ; les soins d'Angelo devenaient inutiles. Mais je n'en avais cure, le bain en prolongeait le bien-être.

Je réfléchissais, intrigué ; je revivais la scène du salon. Le Commendatore – je ne savais pas son nom et continuais à le nommer ainsi – m'avait appelé Michel. Surprise passée, il n'était pas difficile de deviner comment il avait retrouvé le prénom que j'avais voulu perdre. Il l'avait lu à mon insu dans la chambre noire, au dos de la croix que je porte au cou. Quand j'avais échangé mes habits avec ceux de Milo, que je m'étais dépouillé de ce que je possédais, j'avais oublié de l'enlever. Oublié ? non, sans doute non… inconsciemment je m'y refusais. Aurais-je pu la donner à Milo ? non, évidemment non ! Je m'en suis aperçu le lendemain. Avec horreur. *Elle était là quand…* Impossible de parvenir au bout de ma pensée, de terminer ma phrase. Donner un nom à la chose – lequel d'ailleurs ? – aurait-il consommé le sacrilège ? Il l'était déjà.

J'aurais pu alors l'enlever, la cacher. Il était trop tard. Et j'aurais tranché quelque chose d'indéfinissable, d'infiniment enraciné. Elle faisait corps avec mon corps, et bien en deçà. Elle était là et en elle la mère et l'enfant, ma mère et moi son enfant, dans l'âme du corail, fondus dans l'or, inaltérables, présents au cœur de ma déchéance. Eux, rien ne pouvait les souiller, rien ne pouvait rompre leur lien. N'étaient-ils pas déjà là sur ma poitrine quand à l'intérieur battait la haine, quand mourait Djamila, mourait mon grand-père et mourait son nom ? Eux demeuraient. Peut-être me gardaient-ils que je fusse Michel ou que je fusse Milo. Peut-être un jour me sauveraient-ils. Ce jour, c'était peut-être aujourd'hui.

L'intervention du Commendatore me rendrait-elle, aujourd'hui, à mon ancien état ? Etait-ce vraiment la fin de Milo ? Pouvais-je l'accepter ? Et si je l'acceptais, était-il possible que je redevienne Acquaviva ? Acquaviva était mort. Milo se mourait. Qu'allais-je devenir ? Michel ? Michel Qui ?

Le cerveau brouillé, je posai la tête sur le rebord de la baignoire, fermai les yeux, somnolai en murmurant : « Michel, Milo… Milo, Michel… » Je chantonnais ma comptine : « Michel… Milo… Mila… Djamila… nous avons en commun une note de musique... *Mi* comme *Mi*chel, comme *Mi*lo, comme *Mi*la... *Mi* comme Ter*mi*ni... où *Mi* s'est terni... où *Mi* se termine... d'où *Mi* repart... où *Mi* se répare... d'où *Mi* redémarre...» Je divaguais. C'était enfantin et absurde. Mais pour la première fois depuis six mois, je me sentais en paix.

Je sortis de l'eau, aussitôt redevins malheureux. Les plaies de Saint Sébastien s'avivaient à l'air. À l'imitation d'Angelo, je les pansai lentement sous le coton d'alcool qui me brûlait.

Pourquoi le Commendatore avait-il jeté mes habits au feu ? Sotte question ! Sot moi-même ! Cela sautait aux yeux. Etait-ce la tenue d'un jeune homme capable de converser avec une grâce proustienne d'une statue greco-égyptienne presque inconnue, d'un empereur romain pédéraste et de la première femme entrée à l'Académie française ? Comment un misérable tapin de Termini pourrait-il reconnaître Mozart au premier coup d'archet ou murmurer « Modigliani, Mon Dieu ! » devant un portrait de personnage au visage étiré ? Le Commendatore n'avait pas eu de peine à me percer. Et aucun mérite à la chose. Comment avais-je pu être aussi naïf ? Comment étais-je si facilement tombé dans le piège ? Je n'avais pas de réponse. Et maintenant que voulait-il ?... Savait-il qu'il s'était condamné en m'appelant Michel et en parlant français ?

Je cherchai longuement dans la lingerie quelque chose qui m'habillât bien. Tout était d'un goût parfait mais tout était trop large. Je choisis pour en finir des vêtements taillés vague, une chemise en coton effacée aux épaules qui pouvait se porter col ouvert, un pantalon en jersey facile à remonter sous la ceinture. Et pour cacher cette triche, je ne résistai pas à emprunter un admirable cachemire anglais. Pourquoi s'en priver ?

C'était l'affaire de quelques heures. Je renverrais le tout. Pour achever l'homme, malice un peu perverse, je me nouai au cou un foulard rouge aux motifs noirs. Il était en soie et signé Christian Dior, ce qui atténuait l'insolence des couleurs, celles de la chemise de Milo.

Je retournai au salon. Avant même d'y entrer, j'entendis le piano. Le concerto de Mozart que j'avais refusé, je pouvais maintenant accepter de l'écouter. Le Commendatore m'attendait debout devant la cheminée. Des bûches neuves y brûlaient. Il ne restait rien des vêtements de Milo, sauf l'odeur affaiblie du cuir et du tissu consumés.

Il me regarda et à nouveau parla en français :

« Vous êtes enfin vous-même. Mais qui êtes-vous ? »

Je ne répondis pas.

« Asseyez-vous. Reprenez un peu de vin. »

Il me tendit un verre et retourna à la cheminée. Il appuya un coude sur le marbre, le menton dans une main.

« Qui êtes-vous ?

Il me semble tout savoir de vous sans rien en connaître ?

Vous vous appelez Michel et non pas Milo, cet affreux sobriquet. Vous êtes français et non pas italien. Vous parlez ma langue aussi bien que moi, mais avec un léger accent de province, d'un lieu que je ne peux déterminer… Ne parlons pas de la Sixtine, d'Hadrien ni de Yourcenar ! Inutile d'insister. Ce n'est pas à Termini qu'on apprend à tenir pareille conversation. Et pourtant vous y êtes. Vous y étiez… Je revenais de Milan ; je vous ai aperçu immobile au milieu de la foule en marche. Je n'en ai pas cru mes yeux. Jamais de ma vie, jamais je n'avais vu un travestissement si criant d'imposture ! Il était faux, si lamentablement faux qu'il vous rendait tragique. La même défroque, des centaines de petits racoleurs la portent dans Rome. Elle les identifient et orientent facilement ceux que cela intéresse. Personne d'autre n'y prête plus d'attention qu'à une vareuse de carabinier. C'est un uniforme. Mais vous… vous, que faisiez-vous la-dessous ? Quand on est aussi beau, on n'a jamais besoin de tomber aussi bas ; les clubs privés vous arrachent au trottoir à peine y êtes-vous apparu. Encore la beauté n'est-elle pas le plus singulier. À Rome, dans une grande ville, comme on dit vulgairement, elle se mange en salade. C'est ce qui vous est propre qui était injurié.

Je ne sais pas le dire car c'est indéfinissable. Je vais essayer pourtant : votre regard, votre visage, un travail de l'esprit dans les traits, un polissage de tout l'être du port de tête à la démarche, une grâce… Oui, une grâce. Que pourrais-je dire de plus ? Bref, vous étiez à votre place n'importe où sauf là à Termini, dans ces habits indignes. D'où veniez-vous ? D'où sortiez-vous ? Certes pas du fossé, du Trastevere, d'un quartier bas de Naples, d'un village sicilien comme ceux que je n'ose appeler vos congénères ! J'aurais pu réciter sur place rien qu'à vous voir, tout votre pedigree : Latin, une famille honorable, un nom respecté, l'éducation qui leur correspond, une culture universitaire, l'exercice des sports, l'aisance dans les relations et l'habitude des voyages.

Bien sûr, sur le moment je n'exprimais pas cela avec autant de détails ; je le ressentais globalement, par intuition, par un simple mouvement de l'inconscient, ces mouvements qui échappent à la raison et ne se trompent jamais : « Méfiez-vous de la première impression parce que c'est la bonne », disait votre Talleyrand. Ainsi je lisais en vous comme dans un livre ouvert et ce n'est pas le test auquel, ensuite, je vous ai soumis ici qui m'aura démenti, vous en conviendrez.

Alors que faisiez-vous à Termini ? Vous n'y avez pas échoué. Pas vous. Vous l'avez donc librement choisi. Pourquoi ? Pas pour l'argent. Même si vous étiez sans le sou, vous possédez par vous-même cent autres moyens d'en gagner. Pas pour le plaisir. Je sais qu'on peut le trouver dans la boue. Mais vous n'en éprouvez pas ; vous faites l'amour comme une bûche. Ou vous n'aimez que les femmes ou vous n'aimez pas cela du tout.

Ni argent, ni plaisir. Alors quoi ? Un dépit amoureux, suprême manière de se venger, ou de se suicider ? Un pari entre snobs, jeu pervers de riches qui s'ennuient ? Une expérience d'intellectuel, imbécile tentative d'entrer dans la peau d'un autre ? Pire : une punition, une immonde punition que vous vous infligiez ? Pour quel délit, pour quel crime ? … Restons-en là. D'une manière ou d'une autre, j'ai dû affleurer la vérité. Il est clair que vous nourrissiez un dessein. Un dessein si visiblement scandaleux que je ne pouvais laisser faire, passer indifférent sans m'arrêter.

Et puis… un homme comme moi quand il découvre la statue d'Antinoüs dans une poubelle, il la prend. Je vous ai pris. Et j'ai brûlé la poubelle. »

Il se tut.

Je l'avais écouté, figé, regardant au loin à travers une fenêtre un point fixe imaginaire. Malgré toutes ses questions, il n'avait pas de réponse. Je n'étais pas certain qu'il ait approché de si près la vérité. La connaissais-je moi-même ? En dépit des explications que je m'étais données en me rendant à Termini, en rencontrant Milo, en prenant son habit, je ne la démêlais pas. Pourquoi avais-je fait cela ? Je ne le savais pas. Je savais seulement que c'en était fini. Le Commendatore ne me proposerait pas de venir vivre chez lui. Je ne satisfaisais rien de ce qu'il demandait. Cela il l'avait bien compris et rendrait au musée le favori d'Hadrien, ce n'était qu'une statue. Je m'en irais et redeviendrais Michel Acquaviva. Qu'importait que ce fût un nom mort ! En Corse, après les incendies, on ne coupe pas les oliviers brûlés ; personne ne se soucie qu'ils blessent le ciel de leurs branches noircies.

« J'ai brûlé la poubelle… »

Il avait repris la parole.

« Suis-je certain de l'avoir fait de moi-même ?

Devant votre silence, je me sens pris d'un doute. Il fallait bien qu'un jour, à Termini, quelqu'un, moi, un autre, s'émeuve à votre vue. Cent personnes peuvent passer lâchement le pont d'une rivière où quelqu'un se noie. La cent unième se jettera à l'eau. Statistiquement, c'est irréfutable. Comment l'auriez-vous ignoré ? Votre accoutrement criait au secours pour vous. »

Brusquement son ton changea : il s'écria en italien :

« Mais… l'aurais-tu choisi pour cela ? Milo, draguais-tu le micheton ou le samaritain ? ou les deux à la fois ? Tu poursuivais un but. Conscient ou inconscient. Ose dire le contraire ! Si tu n'avais pas voulu m'intriguer et, après m'avoir ferré à la gare, que je m'interroge et recherche qui tu es, aurais-tu tant flâné à regarder mes peintures avant de passer dans la chambre à coucher ? Te serais-tu écrié : « Non, pas Mozart ! » ? Aurais-tu conservé ta croix autour du cou pour que je puisse y lire ton vrai prénom ? Aurais-tu badiné comme un marquis lors de notre conversation ? Et Hadrien par-ci, et Yourcenar par-là ! Je croyais te tendre un piège. C'est moi qui y tombais !

Et le sommet de ta duplicité, ne l'as-tu pas atteint quand tu as prononcé un jeu de mots en français ? Tu jouais à trois contre un que je le comprendrais. Un Italien de ma classe parle presque nécessairement le français. Et si je ne l'avais pas compris, au moins aurais-je appris que c'était ta langue maternelle. C'était la touche finale, le coup de gong qui me ferait enfin sortir de mes gonds. Tu as fait monter la vapeur *piano piano* jusqu'à ce que l'atmosphère devienne irrespirable. Que je n'y tienne plus. Que je me mette en colère. Que j'accomplisse ce que tu voulais que je fasse. À ta place ! Détruire les vêtements de Milo ! Détruire Milo, ce pantin dont tu t'affublais ! Pourquoi ? Pourquoi ? Je n'en sais rien. Et je n'en saurai rien car tu ne m'en diras rien. Le sais-tu toi-même ?

Ah ! le roué garçon ! J'ai été bien joué… »

Immobile dans mon fauteuil, j'étais indigné, rouge de la couleur de sa cheminée. Il passait les bornes. J'avais tout supporté de ce qu'il m'avait fait, m'avait dit. Mais cela c'était insultant, faux, grotesque ! Hors de moi, je faillis l'interrompre, hurler : « Taisez-vous ! », saisir le verre de vin que je n'avais pas bu, lui jeter son contenu à la face. Heureusement je me retins : C'est le dépit qui parle, me dis-je. Il s'oublie.

« Tu ne dis toujours rien ? Il n'y a décidément rien à tirer de toi. »

Il soupira. Après un temps de silence, il reprit en français :

« Michel, pardonnez-moi. J'ai perdu mon sang-froid. Oubliez s'il vous plait ce que je viens de dire. Cela n'a pas de sens. Probablement pas… Je me mets facilement en colère. Vingt fois je me contrôle. Une fois je m'échappe.

Merci d'avance de votre indulgence.

Maintenant, il faut que vous partiez. Tout a une fin. Même les rencontres ratées, ce qui est le cas ce soir. Permettez que pour une fois je m'en réjouisse : rien ne me le prouve, mais je sais que vous ne retournerez pas à Termini, ni dans aucun endroit de ce genre. Venant de moi, cela peut surprendre. C'est ainsi : je m'en réjouis. Nous autres, les gens de ma race, nous sommes des ogres. Parfois, cela nous soulage que le petit Poucet nous échappe.

Encore un mot... »

Il alla à la vitrine, près du portrait de femme. Il y était exposé des antiques. Il en retira un petit objet ovale et vert.

« C'est un scarabée égyptien. Il provient d'un tombeau de la Dix-huitième Dynastie, celle d'Amenophis IV, connu surtout sous le nom d'Akhenaton, le pharaon qui croyait au Dieu unique. Sans doute de toute l'humanité le premier homme à y croire, une épouvantable hérésie à cette époque. Le scarabée est un signe de résurrection. Il représente Ré Khepri, la puissance du soleil au matin qui, après sa mort nocturne, réapparaît à l'horizon. Les Egyptiens, remarquables découvreurs de la nature, avaient observé que le scarabée, à la première heure du jour, sort de son trou en poussant devant lui la boule de ses excréments de la nuit. De cette boule ils ont fait le symbole du disque solaire renaissant, et du scarabée celui de l'énergie vitale qui l'arrache aux ténèbres. Inutile d'épiloguer sur la comparaison qu'on peut faire avec ce que vous venez de vivre et ce que vous allez devenir, Milo hier et Michel demain...

Ce scarabée, je vous le donne. Il manquera à ma collection. Ainsi je me souviendrai de vous... »

J'hésitai à le prendre. Il insista :

« Rassurez-vous : ce n'est pas le prix de Milo. Pas même un cadeau. Tout juste une excuse... »

Je pris le scarabée. Plutôt que de le mettre dans une poche, je le conservai dans la main en resserrant les doigts.

« Michel, décidément, partirez-vous sans prononcer un seul mot ? »

Je m'aperçus que j'avais oublié de le remercier. Mais ce n'est pas à cela qu'il pensait. Je le regardai dans les yeux et lui dis :

« *Sono uno bastardo.* »

Je rentrai à mon hôtel, me couchai et tombai dans le sommeil comme une pierre dans l'eau. Le lendemain, je mis dans un sac les quelques effets achetés par Milo durant ses quelques mois d'existence. Je démontai la corniche, pris l'argent qu'elle dissimulait. Je ne le comptai pas mais il y en avait beaucoup. Il me fallut six grandes enveloppes bien remplies pour ranger les billets. Je payai l'hôtel avec le même argent et me rendis à pied dans le Trastevere, quartier historiquement misérable. Je cherchai un couvent, le plus pauvre qui fût. C'est difficile à Rome, même dans le Trastevere… Je choisis finalement un couvent franciscain. Je tirai la cloche de la porterie. Un moine comme tous les moines sauf qu'il était très jeune – à peu près de mon âge, en bure, barbu, pieds nus dans ses sandales, vint s'enquérir. Je lui demandai :

« Les pères prennent-ils en charge les enfants ? Des jeunes sans famille, à la dérive ? Ceux qui se prostituent ? »

Il me répondit :

« Oui, et il y en a beaucoup. Nous n'y suffisons pas. Nous avons une école, plusieurs œuvres d'entraide. »

Je lui donnai le sac.

« Il y a des habits et de l'argent. »

À un antiquaire de la Via dei Coronari, je vendis le scarabée. Il était pur, il n'avait pas appartenu à Milo. Il possédait plus de valeur que je ne pensais. Ce que j'en retirai me permit d'acheter des vêtements décents et de prendre une chambre dans un hôtel convenable. Je renvoyai au Commendatore la chemise de coton, le pantalon de jersey et le cachemire anglais. Par courtoisie, il fallait y joindre un message. Je ne voulais rien écrire. Dans un magasin de cartes postales voisin du Vatican, j'hésitai entre une reproduction de la statue d'Antinoüs et celle d'un Saint Sébastien martyr. Je choisis le martyr et le mis dans le carton au dessus des habits. J'ai gardé le foulard rouge et noir, je ne sais pourquoi. Je l'ai toujours, mais je ne l'ai plus jamais porté.

Ayant accompli ces choses, je me rendis à l'ambassade. Je déclarai qu'on m'avait volé mes papiers, mon argent et mon billet d'avion avec tous mes bagages. Je remplis des formulaires, attendis, partis, revins, rencontrai un fonctionnaire que je connaissais… Dans la nuit qui suivit, je quittais Fiumicino, destination Paris.

Ma longue absence n'avait inquiété personne. On me croyait en reportage n'importe où dans le monde. Ne pouvant justifier cette version, je démentis et déclarai que j'avais été longuement malade. On ne me demanda pas de quoi, ce qui m'arrangea bien.

J'entrai à l'Agence France Presse à un emploi modeste, ce qui surprit. Je gravis sagement les échelons et devins grand reporter. C'est ce que je voulais : j'étais sans cesse en voyage ; les informations que je recueillais, les reportages, les interviews devenaient dépêches d'agence transcrites par les téléscripteurs dans toutes les rédactions. Ainsi mon nom n'apparaissait en fin d'aucun article publié dans la presse. Tu as l'explication que tu me demandais vendredi soir…

Je ne suis jamais retourné à Rome. Je n'ai plus jamais fait l'amour. J'ai vécu comme un moine, ou plutôt comme un ange. Les moines ont du mérite, les anges n'en ont pas puisqu'ils n'ont pas de sexe. Il ne me restait qu'une vie, celle de la face visible, de ma profession. Les autres étaient mortes, astres éteints dont seule la mémoire me restituait confusément les reflets enfuis. Il s'y mêlait tant d'amertume qu'à peine surgis, j'en effaçais le rayonnement pâle, cruel. Je m'appliquais à ne plus prononcer, fût-ce en pensée, le nom de Conrad, le tien David, celui de Djamila plus douloureux encore.

Je n'étais plus que journaliste, témoin de drames et de tragédies qu'il fallait observer comme un film sur l'écran, en éprouvant ce qu'on éprouve dans les salles obscures, une émotion qui passe et à laquelle, en plus, on ne devait pas céder. On m'avait durement appris le principe premier sans lequel ce métier ne peut être exercé : « Dis-toi bien que ce n'est pas à toi que ces choses là arrivent », me répétait sans pitié le rédacteur en chef. J'ai eu souvent envie de déchirer l'écran, de passer au travers, de me mêler à ceux qui souffraient, mouraient, de souffrir et mourir avec eux, faute de pouvoir les aider, les sauver. Je ne l'ai pas fait. Certes, comme quelques uns de mes collègues ouvertement bouleversés, j'ai démarché des organisations, des associations, parfois des hommes politiques. J'ai connu quelques succès, mais jamais suffisants. Je me réconfortais en me disant que mon métier était un métier nécessaire : faire savoir que cela se passe, s'est passé ; où, comment, pourquoi. Et le faire honnêtement. Je me reconnais ce mérite, ce seul mérite-là. Bien peu de choses. Bien le moins. Aurais-je à regretter de n'avoir pas fait mieux ? Non. Le grain de sable existe. Avec des milliards d'autres, il crée la plage qui nous mène à la mer. Cela suffit pour justifier une vie, renoncer au jugement qu'on porte sur soi-même. Au moins aurai-je été un élément nécessaire, un atome utile. C'est dans ma vie le seul soleil qui demeure et me fasse tenir debout.

Les années ont passé. Je suis tombé malade. Cette fois véritablement. J'ai su que j'allais mourir. À Valle di Paraso, j'ai entretenu le mausolée Acquaviva avec autant de soin que le vieux palazzo, mais, je te l'ai dit, ce n'est pas là que j'irai… Je rejoindrai Conrad dans le rectangle de pierres qui s'est enfoncé dans la terre, où poussent les cistes et le romarin sauvage. Il n'y a pas d'inscription. C'est là qu'on m'enterrera. Au-dessus de lui. Sans inscription non plus. Sans autres fleurs ni plantes que celles que le maquis voudra. Comme pour lui. Pour nous.

Je vais beaucoup souffrir. J'ai peur. Mais c'est peut-être le vrai prix à payer. Un jour, tu recevras le tableau bleu et, ainsi, tu sauras.

Il me faut toucher quelque chose qui résiste. Je fais quelques pas. L'horloge est face à moi. Elle me domine longue, massive, renflée au ventre. À l'intérieur, vieux cœur de cuivre, le balancier va et vient, régulier. Je regarde son buffet arrondi, sa lunette de verre. J'appuie les mains puis le front sur le sapin adouci par le temps et le décor floral qui s'est effacé, enfoncé dans le bois, cicatrice, tatouage. Je l'appelle à l'aide, je m'accroche à lui, chair de ma famille, je lui crie sans voix : Retiens-moi !

Je ne suis plus ce que je suis. Je me défais. Un abîme s'est ouvert ; je dois lutter contre ce qui monte des profondeurs. Je ne peux lutter seul. Je lis et relis le nom inscrit sur le cadran : Omer Norbier… Norbier ? Le norbier, ce lieu froid où poussent les myrtilles... Norbier ? Moi, de même que lui Michel, est-ce que je porte encore mon nom ; est-ce que j'appartiens toujours à ce pays ? Qui suis-je ? C'est la nuit, le vide ; rien ne ressemble plus à rien. Je ne reconnais plus personne. Je ne me reconnais plus moi-même.

Il a parlé debout. D'abord immobile, puis allant et venant sans me regarder, ni regarder devant lui, le regard ailleurs, à l'intérieur, fouaillant sa mémoire, sa douleur. Maintenant il est assis dans une position inhabituelle, que je ne lui connais pas, dos arrondi, bras posés sur les jambes, les mains relâchées presque dos à dos. Son visage, ce que je vois de son visage, a cessé de vieillir. Il est détendu ou, plutôt, résigné. On dirait qu'il n'attend plus rien, qu'il ne pense à rien. Je le regarde et il le sait. Il ne s'en préoccupe pas, il n'en est pas effrayé, ni seulement inquiet.

Est-ce que je le hais encore ? Peut-on haïr quelqu'un que l'on ne connaît pas ? Mais si… je le connais. Je ne l'ai jamais si bien connu ! Maintenant que tout est révélé et que tout est détruit, je le connais. En vérité, je me connais aussi et connais Djamila bien que je ne l'accepte pas. Je ne sais plus qui je hais, je ne sais plus qui j'aime. Qu'importe ! je suis vivant. Encore vivant. Grâce à lui.

Je m'épuise à chercher, à moins que je ne m'y refuse, le souvenir de Bône. Je ne revois rien de cette journée. Je ne sais même pas si elle a existé. Me le suis-je interdit ou l'a-t-il inventée ? Il n'a pas inventé sa remontée du lac. Alors… deux fois, il a démasqué nos monstres. Il les a éloignés de moi. Mais eux l'ont dévoré. C'est la seule différence. Il en meurt. Je demeure vivant. J'ai été épargné, lui est tombé. Suis-je moins coupable de ce à quoi j'ai échappé, moins coupable pour n'avoir pas succombé ? Ce ne sont pas ma volonté, ma conscience qui ont agi… C'est lui, lui seul, rien que lui. Puis-je oser le haïr, éprouver un dégoût que je n'aurais pour moi ?

Tout devient-il clair ? Djamila, Michel… *Djamichel* ! N'ai-je aimé qu'une seule et même personne ? Ai-je alors séparé, coupé en deux afin de me plier aux règles, n'enfreindre aucune loi, respecter le tabou jusqu'à nier l'existence de ce qu'il interdit ? Ainsi demeurer ignorant, c'est-à-dire innocent ?

Et Djamila aura été la permission d'aimer Michel. Combien je t'ai aimée, Djamila…

Qui est le vrai coupable, le premier ? Lui ? Moi ? Jusqu'où faudrait-il remonter pour le savoir ? À Sidi M'Cid, au Koudiat, au jour de Bône, ou plus haut, au margis bleu, à l'orange...? Qui le saura jamais ? Djamila est morte. Lui va mourir. Du moins le croit-il ou le dit-il. Qu'y a-t-il de vrai, qu'y a-t-il de faux dans ce qu'il m'a dit ? Un homme aussi malade qu'il l'annonce, si entraîné soit-il, pouvait-il remonter des remous du lac quand d'autres pleins de santé y ont laissé leur vie ? Pourtant qu'il était pâle cette nuit, faible, presque évanoui, si vieilli tout à l'heure quand je suis descendu ! Que penser ? Rien. Quelle importance ! Rien ne change, n'éteint ce qui fut et qui demeure. Que je découvre. J'ai perdu le pouvoir de l'ignorer. Quoi qu'il ait fait, quoi qu'il ait dit, qu'il ait menti, qu'il ait tué, c'est lui. Il peut mourir, il demeurera toujours quelque chose de lui quelque part. Quelque part en moi. Est-il venu pour cela ? Pour me le révéler ? Pour partir en sachant que maintenant je le sais et qu'ainsi il ne mourra pas tout à fait ? Je ne puis répondre. Toujours il prémédite. Une fois encore qu'importe ! c'est lui.

Voici qu'il se lève et s'approche de son sac. Pour la première fois, il me regarde. Le regard bleu. Blessé.

Désarmé, devenu transparent. Je le soutiens sans passion. Nous ne nous affrontons plus.

— Je dois partir. Je n'aurais pas dû venir. Tu sais maintenant : je suis l'homme à qui il n'est rien arrivé de ce qu'il désirait.

Il esquisse un geste pour prendre son sac. Il hésite. Il renonce. Qu'attend-il ainsi ? Un signe, un mot ? Pourquoi est-ce que je pense à Tolstoï, à une scène de la Pâque orthodoxe dans une version filmée de « Guerre et paix » qui n'est pas la version américaine, mais la version russe, la seule juste : Ils sont joyeux ; ils se saluent en disant : « Christ est ressuscité ! », ils répondent : « Christ est vraiment ressuscité ! » et ils s'embrassent sur la bouche.

Je m'avance vers lui. Je lui dis :

— Dieu nous pardonne !

Il me répond :

— Dieu nous aime.

Je l'embrasse sur la bouche et le prends dans mes bras. Je le garde contre moi comme un enfant… comme un père, un enfant meurtri… comme… Comme lui.

C'est lui qui se dégage lentement. Il me regarde comme s'il pleurait. Mais il ne pleure pas. Il se détourne. Il prend son sac, il s'en va. Au tournant du chemin, il s'arrête face à la maison. Il me semble qu'il nous observe, elle et moi, qu'il contemple sa masse solide, son vaste toit couvert de tôles gris bleuté qui rouillent aux raccords, son mur épais devant lequel je me tiens. Il se détache sur les bleus du lac et du ciel le temps d'un éclair, le temps de l'imprimer dans ma mémoire. Il disparaît. Je fixe des yeux le talus vert qui masque la descente du chemin. D'une main je retiens au collier Achille qui a voulu le suivre et s'est mis à gémir.

Longtemps j'ai caressé le chien. Puis je suis rentré. J'ai rangé la maison, remis les photos à leur place, fermé la chambre d'angle. Je suis venu au jardin. Il a plu, il n'est plus nécessaire d'arroser. J'ai pris un outil et je désherbe l'allée vers la montagne. Je pense que ce matin, je ne suis pas allé à la messe. Quelques ouailles cancaneront. Ce n'est pas bien grave. Dans quelques heures, Lise, Liseron, humble liseron familier, tu seras là affairée, emplissant l'espace, le sourire épanoui. Barbouillés de chocolat, les enfants m'embrasseront et j'essuierai ma joue du revers de la main. Ils me diront :

« Papa, regarde ce que grand-maman m'a donné ! »

Il ne s'est rien passé. C'étaient seulement trois jours dans l'été pendant lesquels un ami est apparu et puis est reparti. Il n'en reste en moi qu'un point brillant, paillette illusoire, demande irraisonnée, latente. L'attente.

TROIS JOURS DANS L'ETE

POSTFACE

Trois jours dans l'été fait partie d'une suite intitulée *Mémoires oubliées* comportant deux autres volumes : *Valle di Paraso*, publié précédemment, et *Le tableau bleu*, à paraître.

On peut parler de saga au sujet de cette suite. Mais saga atypique s'apparentant à la fois à la série faisant revenir de mêmes personnages au fil d'épisodes indépendants et à la saga classique, épopée familiale descendant chronologiquement d'une génération à la suivante. Si bien que, ne s'agissant pas de tomes successifs à proprement parler, chacun des ouvrages peut se lire en premier, les autres ensuite.

Ainsi le lecteur sera incité à remonter le temps de Trois jours dans l'été à Valle di Paraso, de la Guerre d'Algérie au Front Populaire, ou à l'inverse à le descendre. Il en sera de même avec Le tableau bleu, dont l'histoire se situera après la chute du Mur de Berlin.

Les Mémoires oubliées – perte de l'identité des générations précédentes, et de ce qu'elles vécurent, thème commun, lien secret entre les trois récits – réapparaissent progressivement aux yeux et à l'esprit du lecteur, et à lui seul. Les personnages centraux, eux, demeurent prisonniers de l'amnésie familiale. Ils en souffrent – Michel Acquaviva le plus douloureusement, « *se demandant inlassablement sans jamais que le voile ne se déchire : Pourquoi suis-je ainsi ? Pourquoi ai-je fait cela ?* » Ils ressentent qu'ils obéissent parfois obscurément à « *ces mémoires qui existent en nous sans qu'on le sache, léguées par des aïeux dont le souvenir est perdu* ». L'inconscient, seul à les connaître et à les conserver, inspire leurs actes sans qu'ils parviennent à en déceler les origines. Ils leur attribuent les seules causes apparentes, même si parfois le doute les atteint...

Intrigué, le lecteur de *Trois jours dans l'été* découvrira en lisant à la suite *Valle di Paraso* qui est la mère de Michel, la vie qui a été la sienne, les actes auxquels elle a été conduite dans la société ancestrale où elle était enfermée. Se posera à lui la question de la paternité de Michel : Qui est son père... ? A l'inverse, ceux qui ont lu en premier *Valle di Paraso*, connaissant les réponses à ces questions (ou parfois les supputant...), appréhenderont dans *Trois jours dans l'été* les conséquences de cette vie et de ces actes.

Ainsi, au travers de deux histoires au premier abord autonomes, apparaîtra la saga, le lien entre les deux destins, celui du fils et celui de la mère.

Le tableau bleu incitera à la même démarche. Il conclura un cycle ou invitera à monter à sa source.

P.A.M.

NOTA

Au fil de *Trois jours dans l'été*, apparaissent quelquefois des citations d'auteur, des expressions militaires, des mots ou des expressions en corse, en algérien, en italien. La plupart trouvent aussitôt dans le texte leur traduction ou sont de soi compréhensibles. Quelques-uns auraient exigé un renvoi pour explication en bas de page. Cette pratique présente l'inconvénient de rompre le cours du récit et de troubler l'attention du lecteur. Aussi le choix a-t-il été fait de reporter ci-après ces nota :

Haïk (p.16) : pièce de tissu dissimulant le bas du visage des femmes algériennes.

Pace e salute (p.26) : Paix et santé, expression d'hospitalité en Corse.

Yaouled (p.30) : enfant, nom communément donné durant la Guerre d'Algérie par les militaires français aux enfants cirant les chaussures dans les rues.

Margis (p.34) : maréchal des logis, équivalent, dans les Armes du Train et de la Cavalerie, du sergent des autres Armes.

La terre est bleue comme une orange (p.36) : vers du poète Paul Eluard.

Palazzo (p.64) : palais, maison de maître. En corse s'écrit aujourd'hui : palazz*u*

Fellagha ou fell (p.88) : rebelle, dénomination donnée par les soldats français aux combattants algériens.

Gégène (p.97) : diminutif du générateur d'électricité.

Hasma ! (p.109) : attends ! à l'impératif en algérien

Libecce (p.149) : violent vent d'ouest en Balagne (Corse). Orthographe exacte : libecciu. Phonétiquement : libètche.

Carpathes (p.156) : le nom de ces montagnes d'Europe centrale s'écrit Carpates. L'orthographe Carpathes est celle donnée par Jules Verne dans le titre de son roman (1892).

Putsh des Généraux (p.177) : tentative de coup d'état contre le pouvoir central menée à partir d'Alger par les généraux Salan, Challe, Jouhaud et Zeller du 22 au 25 avril 1961.

Acqua morta, acqua nera, acqua gialla (p.188) : eau morte, eau noire, eau jaune en italien.

Sette cento (p.198) : sept cents. Expression désignant le 18ième siècle en Italie.

Mamma mia… Madre Dio… Che a fatto ? (p.208) : Ô maman… Mère de Dieu… Qu'a-t-il fait ?

Piano, piano (p.215) : très lentement.

Sono uno bastardo (p.217) : Je suis un bâtard.

.

Achevé d'imprimer en avril 2006

sur les presses d'Arti Grafiche - Rome.